Prometo serme fiel

Una forma de vida

NORMA BECERRA

Colaboradores:
Diseño y portada: Kevin Berón
Ilustración y diseño: Bryan Armando Olivas González
Correcciones: Scarlett Fernanda Balderas López

Índice

Agradecimientos

Este libro está dedicado, en primer lugar, a Dios, quien nunca me deja sola y a quien acostumbro pedirle que me guíe en todo lo que hago en mi vida.

A mis hijos;

Scarlett, por toda la paciencia que me has tenido y el apoyo que me has brindado a lo largo de todo el proceso de todas mis locuras laborales y personales.

Christopher, por enseñarme tantas veces lecciones de vida, y a

Kimberly por todos los momentos que te pude robar para sacar adelante mis proyectos y por ser ese motorcito que me mantiene activa.

A mi querido esposo; Pedro. Gracias por acompañarme en el proceso de encontrarme conmigo misma.

A todos mis hermanos, a mi madre y a mi padre, que en paz descanse, por haber sido mis maestros de vida, y que en algún momento tuvieron que ser los "malos" o los "buenos" de mi película. Gracias por todo su amor incondicional.

Gracias a todos los amigos de la familia que nunca nos dejaron solos.

Prólogo

Nuestra vida no es perfecta. La vida de ninguno de nosotros es perfecta. Por lo menos no en el sentido estricto de la palabra, pero puede ser tan perfecta como uno quiera verla.

Leer y seguir paso a paso esta guía te llevará a encontrar dentro de ti a un ser que se quedó dormido mientras tú crecías. Este libro no es una respuesta milagrosa: no hay un camino fácil que te lleve a la plenitud y a la felicidad infinita. Llegarás ahí con tu propio esfuerzo. En esta guía encontrarás las respuestas del porqué de tu tristeza, de tu amargura o de tu soledad. Nada está fuera de ti, todo está dentro. Sentirás que la autora te lleva de la mano en el camino del conocimiento de ti mismo. Te ayuda a presentarte con ese ser que tanto rechazas para hacer las paces con él.

En este libro, encontrarás la forma de conseguir la plenitud y la felicidad que tanto deseas. No te hago promesas en falso. Si te digo que tú eres la persona más importante para ti, deberías creerlo porque nadie en este mundo debe amarte más de lo que te amas. La razón por la cual estás leyendo este libro es por ti mismo. Porque tú quieres conocer a la mejor versión de ti mismo.

Al final de este viaje, conseguirás esa promesa que pocos tienen consigo mismos. Al final de esta guía, tú vas a prometerte serte fiel en todo momento.

Introducción

Este libro está escrito en dos partes. En la primera, encontrarás información que te llevará a obtener mayor claridad acerca de la tragedia del ser humano que, muchas veces, vive y camina con un cuerpo, una mente y un espíritu que no conoce; lo anterior por medio de cuatro temas: ¿cuál es tu historia?, ¿cómo construiste la historia que te cuentas?, tu verdadera identidad y las razones del porqué es necesario reescribir la historia personal.

La segunda parte, contiene información sencilla de entender y fácil de aplicar en la vida diaria. Se divide en tres temas:

Tema I. Cambio de mentalidad. En esta sección, se presentan cuestiones y ejercicios que ayudarán a obtener conocimiento personal de la mente, cuerpo y espíritu. Se desglosa el ser interior y exterior de una forma en que lograrás entender qué es lo que está pasando en tu mente, qué creencias te están limitando, de dónde viene y cómo cambiarlas.

Tema II. Antes de partir, vive con sentido. En este apartado, se reconoce la situación actual de la persona que lee este libro; también hace una invitación a aceptar la vida como es en todas sus facetas y en las diferentes formas que se presenta mediante el dolor o la alegría.

Tema III. Eres libre de escribir tu historia. Este tema proporciona herramientas y respuestas a cuestiones que ayudarán, en el interior, a fortalecer ese impulso de querer transformar la vida.

Te sugiero que la segunda parte del libro la leas con calma. Te he marcado una actividad para cada día y te pido que las desarrolles a lo largo de 27 días para que des tiempo y espacio a tu mente de asentar algunas nuevas creencias que te permitirán transformar tu vida. De tal modo, la construirás con fuertes bases, que no se derrumbarán con los miedos, dudas y temores, ni tuyos ni de otros.

Este libro está destinado a despertar la conciencia y transformar la mentalidad de quien siga las instrucciones y ponga en práctica lo aprendido cada día.

Prometo serme fiel. Una forma de vida

"Porque no nos ha dado Dios espíritu de cobardía, sino de poder, de amor y de dominio propio." 2 Timoteo 1,7

Prometo Serme Fiel nace de la reflexión del significado que tiene la promesa bien conocida: "Prometo serte fiel en lo próspero y en lo adverso, en la salud y en la enfermedad. Amarte y respetarte todos los días de mi vida". Esta promesa —que se dice en el altar cuando hombre y mujer unen sus vidas— no es una promesa que limita su uso frente al altar; hay personas que la realizan en su mente y corazón cuando deciden vivir en pareja y/o formar una familia. Es una promesa que se siente en el interior de cada ser que se une a otro. No creo que nadie, en su sano juicio, una su vida a otro consciente de que desea que las cosas no salgan como esperaba en su relación.

Esta es una promesa muy seria que se hace de manera ligera; en la mayoría de los casos no se es consciente del alcance real de estas palabras. Llevan toda la carga de empeñar la palabra para poder cumplir lo prometido a costa de todo.

Después de escuchar tantas veces esa promesa, hubo un momento de reflexión en mi vida, ¿por qué serle fiel a alguien más sobre la fidelidad personal? Este cuestionamiento surgió después de conocer problemas de muchas relaciones de pareja que no estaban preparadas para sostener la palabra que un día empeñaron. Voy más allá de la relación en pareja: existen diversos problemas en las relaciones humanas (por respetar fidelidades familiares, de amistades, a empresas y más) que no aportan valor en la vida, pero sí restan mucho.

Al darme cuenta de que el problema de las relaciones en pareja, en familia, con amigos, y con la sociedad en general no es un inconveniente de fidelidad con otros, tuve un despertar. ¡No, ese no es el problema! El problema que se presenta una y otra vez en el ser humano es que, dada la falta de estima personal, las decisiones que se toman están a la deriva, fuera de lugar, pues si la persona que decide está sumergida en su inseguridad, se los resultados que obtiene se ven afectados; dudará si son o no satisfactorios. Cuando la vida está cimentada en la tierra blanda cualquier acontecimiento vendrá a moverla; la sacudirá con tanta fuerza que la persona queda lastimada con cualquier discusión, ya que la ve desde la óptica de una baja estima.

El problema es que no se ha desarrollado un sano amor propio. Es necesario cimentar la vida en una roca firme, construida a base del desarrollo de los principios y valores personales —repito— personales. Al tomar como roca firme lo que enseñan los padres, educadores y la sociedad, una persona no se mantiene de pie cuando viene el momento en que la vida pone a prueba la resistencia interior; es decir, que si se toman los fundamentos de vida de otra persona (sin desarrollar los propios) el día que está frente a las dificultades de la vida puede ser que no se sostenga porque los valores y principios no son propios, no resuenan en el interior, así que es muy fácil tirarte. Tan sencillo como moverte la silla donde estás sentado; todo lo que consideras autoestima se destruye, pues no construiste tu vida SOBRE TU ROCA, la construiste como extensión de alguien más y tu roca no es tuya sino de otro. Por tanto, tarde o temprano deberás entregarla. En ese momento, sentirás que no tienes nada. Este contexto se repite una y otra vez; las personas que no se cuestionan en la vida sobre qué es lo que quieren y pueden hacer casi siempre viven en un sueño donde no son libres; de alguna forma son fieles a lo que se les ha impuesto sin tomarse el tiempo de cuestionar y reflexionar su verdadera realidad.

Prometo Serme Fiel es una forma de vida; es una manera única de responder a los acontecimientos cotidianos de la vida; es comprometer tu palabra contigo, realizando una promesa interna en la que estés dispuesto a seguir la voz interior que tiene un llamado para ti.

Prometo Serme Fiel es una invitación a mirar nuevamente en tu interior para que saques del fondo de ti ese verdadero ser que se ha dormido con tanta información de fuera y está escondido, temeroso, en un silencio casi inaudible, como aquel Pepe-grillo que prefiere quedarse callado para no hacer daño emocional.

Prometo Serme Fiel no es un narcisismo que te lleve a que solamente pienses en ti sin mirar a nadie y no ayudar a otros cuando esté en tus posibilidades. ¿Has escuchado las indicaciones que dan las azafatas antes de que empiece un vuelo? Si no, déjame contarte. Antes de que el piloto despegue, la tripulación tiene que dar las indicaciones para saber qué hacer en caso de que haya algún accidente; entonces nos dicen que, en situación de emergencia, deberemos colocar la mascarilla de oxígeno sobre boca y nariz; además, antes de ayudar a otros, debemos ponernos nosotros la mascarilla.

¿Te imaginas qué sucedería si ocurre algún percance en el vuelo y no tienes tu mascarilla e intentas ayudar a otros? Sería una locura. De igual manera en la vida. "Un ciego no guía a otro ciego", así que amarte a ti mismo, serte fiel a ti antes que a los demás no es un acto de egoísmo; si lo ves bien y lo reflexionas, el amor propio, en su justa medida, también es un acto de amor hacia otros.

Por tanto, Prometo serme Fiel es un programa de transformación personal que se adopta como una forma de vida permanente mediante el que podrás decir y sentir: PROMETO SERME FIEL EN LO PRÓSPERO Y EN LO ADVERSO EN SALUD Y ENFERMEDAD, AMARME Y RESPETARME TODOS LOS DÍAS DE MI VIDA.

Fácil no es, te explico.

Prometo serme fiel en lo próspero y en lo adverso

La promesa que te haces es serte fiel cuando tengas éxito en lo que emprendes, cuando las cosas en el trabajo, en casa, con amigos, en donde tú te desenvuelves hayan salido muy bien, como tú lo esperabas.

También te serás fiel cuando no logres lo que te propusiste; cuando, a consecuencia de tus decisiones, las cosas salieron muy mal, tuviste pérdidas y te llevaste a la quiebra. Este es un momento de poner a prueba tu fidelidad, ya que amarse cuando todo sale bien y echarse porras es muy fácil, pero hacerlo cuando las cosas van mal y evitar de regañarte y reprocharte, eso es de valientes.

En salud y enfermedad

Serte fiel cuando gozas de salud, cuando eres de esas personas que nada les afecta es fácil, amar a tu cuerpo cuando estás sano también lo es, pero ¿qué me dices cuando eres enfermizo? Cuando no puedes lograr lo que anhelas porque tu cuerpo no sigue a tu mente; cuando el carruaje es más débil que quien lo guía... entonces, el acto de fidelidad está a prueba en la enfermedad.

Amarme y respetarme todos los días de mi vida.

¿Podrás amarte y respetarte todos los días de la vida? Como cuando tu estado emocional te traiciona y no sabes qué más hacer contigo y ya no soportas ni tu sola presencia.

Este es el peso que lleva la promesa a ti mismo. Al final de la lectura, tú decidirás si aceptas cumplirte la promesa.

En resumen, PROMETO SERME FIEL es una forma de vida que te invita a despertar del sueño en el que vives y a que reconozcas que tú eres amor y que nunca deberías hacerte daño.

El despertar se da con el conocimiento de sí mismo; con éste, se descubre el valor real como persona para así poder tener dominio propio, al conocer tus habilidades, talentos y limitaciones.

Prometo Serme Fiel es la promesa que te invita a seguir el llamado de tu vida, aplicando tus talentos, habilidades, valores y todas tus capacidades para vivir libre de las ataduras pasajeras del mundo.

Primera parte
¡Despierta! eres mejor de lo que crees

Tema I. ¿Cuál es tu historia?

Capítulo 1. ¿Cómo te cuentas tu historia personal?

"Tu Visión devendrá más clara solamente cuando mires dentro de tu corazón. / El que mira afuera Sueña, quién mira en su interior despierta."
Carl Gustav Jung

He escuchado muchas historias de personas que han sentido un profundo dolor causado por la vida que han llevado y la que llevan hoy. El dolor causado por lo que no les gusta lo manifiestan sintiéndose infelices y sufriendo por lo que no hicieron en el pasado; teme que el futuro sea igual o peor que el hoy. Están atrapados en un presente que no aceptan, un pasado que rechazan y el cuestionamiento constante de ¿por qué lo hice?, ¿por qué tome esa decisión?, si hubiera hecho tal o cual no estaría hoy como me encuentro…, Tienen miedo de que todo ese dolor se vuelva a repetir en un futuro, próximo e incierto; se forma un círculo de dolor que impide realmente vivir el presente.

Al concentrarse en lo que no se logró, en "el dolor que la vida les ha causado", no pueden ver todo lo que podrían lograr transformando sus pensamientos.

He tenido la oportunidad de conocer algunas historias de personas que viven vidas comunes con los problemas cotidianos de la vida, que encierran un gran dolor por la manera como se cuentan su historia personal.

Las voces del diálogo interno no cesan; permanecen en un flujo constante llevando información nueva a la mente, que se encarga de contaminarla con creencias limitantes que impiden ver oportunidades y soluciones. Se comportan como víctimas del destino donde ya no hay oportunidad para los cambios.

La manera de interpretar la vida personal es muy poderosa. Al tener un pensamiento, con el simple hecho de pensar en algo, se crea una imagen en la mente y es inevitable que la mente no se dé cuenta de la imagen creada. Si se crean imágenes de dolor, la mente cree que el dolor es real y así lo va a concebir, repitiéndolo una y otra vez.

A continuación, te compartiré dos historias.

María. Soy feliz, pero soy infeliz...

María se levantaba todos los días muy temprano por la mañana; arreglaba su cama, abría las ventanas para que el aire entrara; se cambiaba de ropa para ir a la oficina donde laboraba como secretaria; ordenaba todo en su habitación; se sentaba frente al espejo para arreglarse, peinarse y maquillarse un poco y así empezar el día con buen entusiasmo. Siempre estaba lista antes que todos en casa. Cocinaba, preparaba el desayuno de sus tres hijos: Carlos, José y Carolina; de 13, 11 y 9 años, respectivamente. Tras verificar que todos estuvieran listos, colocaba la comida de cada hijo en sus mochilas; desayunaba con Armando, su esposo; además, estaba pendiente de que el autobús, que pasaba todos los días por sus hijos, los recogiera.

Cuando ambos terminaban de desayunar, Armando se iba a terminar de asearse mientras María seguía en la cocina concluyendo los quehaceres del hogar para dejar limpio todo antes de retirarse a su trabajo. Después, hacía los retoques finales del aseo personal, lavado de manos y de dientes; finalmente, aplicaba un poco de lápiz labial y listo.

Ambos se despedían y tomaban los rumbos de su trabajo. Todos en casa estaban en sus actividades de la mañana. Armando pasaba recoger a los chicos, mientras que María llegaba a casa para tener todo listo para cuando llegara la familia a comer.

Cuando Armando llegaba con los hijos, ella ya tenía la comida caliente y estaba todo listo para que comieran. Se sentaban a comer, hacían oración agradeciendo los alimentos que Dios les había permitido tener ese día. Platicaban sobre cómo les había ido a cada uno en su trabajo y en la escuela; cómo se sentían ese día y más. Cuando terminaban de comer, María se quedaba lavando los trastes; los hijos ayudaban a recoger y a limpiar la mesa; Armando se preparaba para regresar a la oficina. María cubría únicamente un turno por la mañana y en las tardes se quedaba con los quehaceres de la casa y las actividades de sus hijos.

María se apresuraba a limpiar la cocina y la casa para poder llevar a sus hijos a sus actividades extraescolares y regresar a preparar la comida del día siguiente.

Mientras tanto, les pedía a sus hijos que realizaran sus pendientes y se bañarán. Ella preparaba la cena; cuando Armando llegaba, todos cenaban juntos. Ella nuevamente limpiaba y, de pronto, ya era de noche. Se bañaba para terminar el día con una pequeña conversación son su pareja.

La rutina era diaria.

Una noche, María le comentó a Armando:

—Me siento feliz, pero también infeliz.

—No te comprendo María —contestó Armando— ¿Cómo es que eres feliz, pero eres infeliz?

—En realidad, hay algo dentro de mí que me hace sentir feliz, pero también infeliz.

—Explícame, no te entiendo —suplicó Armando.

—Me siento feliz como madre —explicó María—, como esposa tuya... pero algunas veces me siento muy infeliz y no sé por qué.

En esta historia, ni María ni su esposo se daban cuenta de que ella realizaba muchas tareas en casa por lo que no tenía espacio para ella; para salir en pareja con Armando, para frecuentar amistades, etcétera. Al pasar los días, los años y no dedicarse tiempo a sí misma, se encontraba cansada. Se había cansado de la monotonía de su rutina diaria y eso mismo la hacía sentir devastada.

María actuaba de acuerdo con las creencias que obtuvo en casa y no podía darse cuenta de que actuaba con autoexigencia: cumplir con todos los roles de casa ella sola; además de trabajar en oficina, era la encargada de llevar a los hijos a sus actividades y ya estaba exhausta, pero no buscaba ayuda porque, según sus creencias, debía lograr hacerlo sola. En su familia así se hacían las cosas.

Finalmente, María logró reconocer que debía organizarse con sus tiempos, sus actividades, sus exigencias, empezar a delegar trabajos en casa. Entonces, su situación emocional cambió; comenzó a sentirse feliz y plena —como madre, esposa y profesionista. Empezó a darse tiempo para salir, en algunas ocasiones, con sus amigas y otras con su esposo.

Carlos. Soy un fracasado en todo lo que hago, nunca debí haber existido.

Quiero dormirme para siempre y no volver a abrir los ojos a esta vida llena de dolor; nunca debí haber existido. Estoy cansado de vivir, de luchar. Las cosas no han salido como esperaba; mis hijos no me respetan, no saben valorar los esfuerzos que hago día con día para mejorar la situación de mi trabajo. Mi esposa me cansa con sus constantes quejas e insistencias acerca de cómo voy a lograr cubrir los gastos del siguiente mes; ella no sale a trabajar ni a buscar empleo. No sabe lo que es que te cierren las puertas cada vez que estás frente a las personas indicadas para contratar, simplemente dicen: "déjeme sus papeles, ya le llamaremos cuando haya una vacante." Los días siguen transcurriendo, pero no me llaman. El empleo en el que estoy no me da suficiente para mantener a mi familia: los gastos de alimentos, de ropa, colegiaturas... A veces deseo tirar todo, abandonarlo y no existir; estoy tan cansado que me duele hasta el cuerpo de tanto dolor dentro de mí. No sé ni cómo hago para levantarme cada día al trabajo, ya no tengo ilusiones ni esperanzas de poder salir adelante. Mi vida se fue, se me pasaron los años, ya no espero nada de la vida.

Mi padre tenía razón, no soy capaz de sacar a una familia adelante. Él era muy capaz y yo no puedo lograr lo que él hizo con nosotros; todos los hijos obtuvimos una carrera, nunca falto nada en casa; él siempre fue capaz de sacar todo adelante...

Carlos sentía que no hacía nada bien porque tenía una creencia inculcada por su padre en la que él, como hombre y padre de familia, debía de sacar a sus hijos y esposa adelante; proporcionarles todo lo necesario para vivir una vida desahogada. Cuando cayó en los problemas económicos y la falta de empleo, no sabía qué hacer. Sin darse cuenta, entre más buscaba oportunidades, éstas más se alejaban de él, pues, sin verlo, él mismo saboteaba la contratación de sus empleos.

Finalmente, Carlos trabajó en su amor propio; le dio nuevas herramientas a su mente para lograr hacer los cambios en su manera de presentarse a solicitar trabajos. Obtuvo mayor seguridad en sí mismo y logró encontrar un trabajo que le permitiera cubrir los gastos de su familia.

DATE CUENTA

Las personas nos contamos las historias que son vistas e interpretadas por lo que hemos vivido en un pasado; sin embargo, es importante cuestionarse la veracidad de ello, es importante ver otra perspectiva de la situación.

Capítulo 2. Voces de dolor y angustia

Quiero compartirte algunas voces de dolor de personas que se me han acercado para contarme cómo perciben su vida.

Tengo miedo de tomar decisiones, busco la aprobación de otras personas; quisiera que nada me importara y tener más seguridad en mí. Por más que leo y escucho acerca de la autoestima no puedo hacer cambios en mí.

El miedo no es real, se ha construido en la mente por las creencias, ¿por qué requieres aprobación?, ¿por qué?, si te deja de importar todo, ¿entonces que sigue en tu vida?

La seguridad personal no se basa en lo que los demás opinen de ti. No se trata de leer solamente, es necesario hacer cambios profundos desde la identidad personal.

No puedo sacar de mi mente el recuerdo de personas que me hicieron daño, quiero tener la motivación para lograr salir adelante, pero término aislándome para evitar sentirme mal. Quiero obtener mayor seguridad.

Intentar sacar los recuerdos de quien "te dañó" es como querer borrar tu mente. Ese daño que crees que otros te hicieron te da la oportunidad de hacer una reflexión sobre la veracidad de esa creencia, de mirarla de frente y aprender de ella.

Al enfrentar de esta forma esas experiencias que has registrado como un "daño" a tu persona, te convertirás, con el tiempo, en alguien más maduro capaz de comprender el valor personal y el amor a uno mismo.

Tengo miedo, no sé cómo defenderme de las calumnias y chismes; quiero ser feliz.

¿Qué hay detrás de ese miedo, cómo se formó?, ¿qué tan importante es que no te calumnien?, ¿por qué todo eso debe robarte la felicidad?

Muchas cosas me causan dolor en las relaciones familiares, de pareja, con mis hijos y he pensado en que sería mejor no vivir, pero a veces saco fuerzas para querer luchar por vivir, cambiar mi vida y ser feliz.

Se pude llegar al grado de no querer vivir y todo esto se debe a que no eres dueño de tu vida ni de las decisiones que tomas. Es sano tener un tiempo a solas, con uno mismo; reflexionar en el camino donde vas y lo que tú y solo tú quieres hacer con tu vida. Después de eso, ir acomodando lo que te rodea, tus amistades, tu pareja, tu familia...

A veces tengo mucho miedo a todo, pero también pienso que no tengo por qué saberlo todo. Quiero dejar de sentirme sola, ser yo misma, concretar mis planes, quiero aprender a amarme sin sentir culpas y poder ser agradecida en la vida por lo bueno o malo que me pasa.

¿Querer ser tu misma?, claro, tienes todo el derecho de SER TÚ, de ser en verdad tú, de trabajar en ti. Eso te dejará libre de la prisión en la que tú misma te metiste.

Quiero aprender a perdonar, ser feliz y mejorar en todos los aspectos.

¿Quieres perdonar?, primero perdónate tú, deja de exigirte tanto.

Los problemas que tienen mis hijos me hacen infeliz.

Deja crecer a tus hijos, ¿qué edad tienen?, Ellos deben vivir su propio proceso de aprendizaje; los acontecimientos en sus vidas les darán mayor madurez. Deja que los superen; ayuda un poco, pero no les resuelvas la vida.

No logro seguir metas, no tengo fuerza de voluntad, ni se cómo seguir propósitos, estoy deprimido todo el tiempo.

Las metas que quieres seguir, ¿son tuyas?, ¿te apasionan?, revisa que sean realmente tus metas y no de alguien más.

Siento un gran enojo conmigo porque no sé cómo superarme, todo me sale mal.

Eres tu mejor aliado, escucha el mensaje que ese dolor tiene para ti. Sé sincero, yo no podría creer que todo te sale mal.

Me duele vivir, no sirvo para nada, ya no puedo más con la vida.

Sé cómo es ese dolor y la sensación de que no sirves para nada, pero eso no es cierto. Es una mentira de la mente que tiene miedo, miedo de brillar tanto que no sepas manejarlo. No cargues a la vida, solo vívela, déjate llevar y escucha sus llamados.

Puedes observar que somos constructores de historias, a veces, con tan poca información que tenemos de algunos acontecimientos, la mente crea toda una historia que muchas veces te lleva a vivir en el dolor, a vivir dormido.

Capítulo 3. El problema es cómo te cuentas tu historia

Piensa en las veces que has contado una historia que te lastima. ¿Minimizas o maximizas los hechos? Cuando te cuentas una historia llena de dolor, de sufrimiento, en la que tú eres la víctima dejas a tu mente sin recursos para superar esa experiencia; es decir, tu mente no recibe nueva información con la que pueda crear una nueva y mejor historia de vida.

Cuando constantemente las repetimos, nos hacen sentir mal, nos entristecen o enferman. Nos vemos afectados en diferentes áreas de nuestras vidas; entonces, no sólo es un tema que nos molesta, sino que empieza a manifestarse como soledad: uno se siente solo y con pocas ganas de socializar.

En las voces que pudiste leer anteriormente, en las palabras se puede sentir el dolor con que viven estas personas; pero hay más que eso: ellos sólo pueden mirar lo que les duele, porque están dentro de ese dolor; esa es la información que tienen de su vida.

El problema no son todas las limitantes que se tienen; el problema no es que existan retos a superar en la vida, sino que no se ha entendido que, en la vida, existe el dolor, los problemas y estos forman parte de la vida. No hemos venido al mundo a pasarla siempre sonriendo, no es sano, ni sería soportable sonreír todo el tiempo. Sí, estamos aquí para ser felices y para construir la vida que nos toca de acuerdo con los talentos personales y a lo que somos como humanos; en eso reside la felicidad. Saber y aceptar que en la vida existe día y noche, que la naturaleza tienes diferentes estaciones del año y aplicarlo en la vida personal, al reconocer que en nuestra vida habrá tormentas y días de sol. Si se acepta de antemano este hecho, se estará preparado para vivir sin sobresaltos, porque sabemos que los días de tormenta pasarán y que con ellos llegará fortaleza interior.

Cuando un problema se presente, subirse encima de esa situación es una buena estrategia para encontrar más opciones y soluciones. El dolor, el miedo, no debe cegarte; si no puedes resolver solo la situación busca ayuda, deja de ser espectador de tu vida y conviértete en el protagonista.

El primer paso para encontrar la solución de algo es reconocer un problema; el primer problema que se tiene es la manera como se cuenta esa historia.

En el siguiente tema, conocerás de dónde viene ese problema, esa forma en que nos contamos la vida personal.

TEMA II ¿CÓMO CONSTRUISTE LA HISTORIA QUE TE CUENTAS?

Capítulo 4. Libro en blanco

"Tus creencias se convierten en tus pensamientos, / tus pensamientos se convierten en tus palabras, /tus palabras se convierten en tus hábitos, / tus hábitos se convierten en tus valores, / y tus valores se convierten en tu destino." Mahatma Gandhi

Cuando un niño nace es como un libro en blanco en el que se empieza a escribir una historia.

El día en que un bebé nace trae consigo un gran regalo que la vida le dio: un libro en blanco. Una historia que está por comenzar. Quien lo creó lo hizo libre. Lo envió listo para que escribiera su historia a su manera. Hasta aquí todo parece increíble pues ese pequeño irá creciendo y decidiendo lo que quiere hacer. En este punto, nos topamos con un inconveniente. Su cuerpo y su madurez mental no están listas para redactar una historia, el pequeño no sabe qué quiere para él mismo. Entonces, ¿quién decidirá por él?

Así es, sus padres; si le tocan unos padres que, con la mejor intención, se dispusieron a educarlo. En esta educación, ellos decidieron todo acerca de la escuela en la que iba a estudiar, qué es lo que estudiaría, cómo se vestiría y otras decisiones que, en realidad, fueron tomadas por la escuela; las materias que son buenas para que ese SER se forme y se incorpore a la vida de los adultos; la manera como serían impartidas las clases, el horario de alimentación, de recreo; los días de sus actividades culturales o de deportes y podría seguir con una lista de lo que padres y escuela decidieron que ese niño va a hacer en su vida, pero sería una demasiado larga.

Aclaremos que esto no termina aquí. La sociedad, los medios de comunicación y otros factores externos también influyeron en su educación, en cómo debe actuar esa persona que nació y que va creciendo. El mundo en general decidió sobre esa persona. Y actúa también sobre ti, sobre mí.

De pronto, el ser humano se encuentra actuando como no quiere en donde no quiere estar... quizás, ese bebé del que hablábamos creció con grandes deseos de ser escritor, pero como "eso no te da de comer", decidió convertirse en ingeniero. Tal vez, ese bebé se convirtió en un padre de familia que, influido por la sociedad, tuvo que elegir un trabajo estable que diera de comer a su familia, por lo que dejo de lado sus anhelos de la infancia. Inconscientemente, esta persona ha tomado decisiones que cree que son las mejores, pero ¿para quién?

Entonces, esta persona, que ya ha crecido, empieza a darse cuenta de que algo en su interior no se siente muy feliz con lo que hace, ni con la vida que tiene.

Ahora toca hacer una reflexión: ¿te das cuenta de toda la información que metieron en tu mente?, ¿quién escribió en tu libro en blanco todos los primeros años de tu vida?, seguro que no fuiste tú.

A esto se le llama programación, de ahí nació la programación de tu mente.

Capítulo 5. Fuiste programado

Caíste en un sueño profundo y fuiste hechizado, sin voz ni voto...

Poco a poco te fuiste perdiendo la oportunidad de escribir en el libro en blanco. Imagínate que hay una libreta en blanco que acabas de comprar y la dejas sobre la mesa; llega tu hermanito y le escribe algo; pasa tu padre y también redacta otra cosa. Tú puedes tratar de borrarlo, pero es muy difícil; quedan las marcas de las letras de otros. Así pasa en la vida: las creencias que nos impusieron son difíciles de borrar, pero es fácil escribir otra cosa encima de ellas. Para obtener nuevas creencias, se le dan recursos nuevos a la mente y que así sea capaz de crear una historia nueva.

Esta programación que nos hicieron, padres, escuela y sociedad fue "un mal necesario", alguien tenía que escribir en ese libro. No se podía quedar en blanco, pero no fue malo en realidad, sólo fue; ya pasó. Ahora que sabes esto, te toca reaprender y, ¿cómo se reaprende?, es momento de cuestionarte qué tanto de esa historia de dolor que te cuentas es cierta. Ahora sabes que fuiste hechizado, que estás dormido y distraído de la vida real.

Te toca reconocer tu verdadera identidad.

Tema III. Tu verdadera identidad

Capítulo 6. Cuestiónate todo

"Ni la muerte, ni la fatalidad, ni la ansiedad, pueden producir la insoportable desesperación que resulta de perder la propia identidad"
Howard Phillips Lovecraft

Cuando te digo: "cuestiónate todo", incluyo lo que te escribo en este libro. No pretendo que lo leas y lo creas ciegamente; cuestiónate todo.

La forma en que vas a descubrir la verdad, tu verdadera identidad, es haciéndote preguntas valiosas sobre ti mismo y sobre lo que te rodea. ¿Crees que la verdad nos hace libres?, si estás de acuerdo, busca esa verdad en ti y despierta.

La verdad nos hace libres porque las decisiones se toman en libertad, no bajo compromisos con nadie o presiones. Una decisión en libertad es aquella que tomas porque tú así lo decidiste sin tener ningún compromiso con nadie. Evitar pensar en que lo que decidas hará enojar a alguien; que si no tomas esa decisión vas a decepcionar a alguien importante. Una decisión en libertad también está libre de mentiras. Las mentiras nos atan a compromisos y ejercen una presión constante en nuestra mente. Recordar lo que dijimos en una mentira es más difícil y requiere más energía que simplemente la verdad. Entonces, toma decisiones en libertad y que sean verdaderas; es decir, no te engañes ni a ti ni a nadie sobre tus decisiones, no quieras convencerte de que la decisión que tomas es por ti cuando, en realidad, es por alguien más. Sé responsable de ti y de tus acciones.

Muchas veces no nos damos cuenta de que las decisiones que tomamos están influidas por alguien más. Estamos tan acostumbrados a pensar como otros, que no nos preguntamos si es en realidad lo que queremos.

Usa el conocimiento de la verdad y reconoce que, en tu pasado, fuiste programado sin tu consentimiento, que ya muchos pusieron información en tu mente; alguna buena que te ayudo a ser la persona que eres hoy; pero otra te hizo ser temeroso, dejar de creer en ti; te llevó a ni siquiera pensar en que podías superarte y que merecías todo aquello que quisieras mientras fueras tú mismo quien trabajara por lograrlo.

Entonces, piensa: ¿será este el mejor momento para que ahora seas tú quien lleve información a tu mente?, creo que dirás que sí. Creo que puedes sentirte harto de aceptar tanta información que no es tuya. Consejos no pedidos de personas a quienes no les importan tus problemas; consejos de personas cercanas a ti que creen ayudarte y, en realidad, te hacen sentir mal...

AHORA, con esta información, es momento de que indagues tu verdad, que sepas cómo funciona tu mente. Cuando obtengas ese nuevo conocimiento de ti, sobre cómo funciona tu mente, entonces incorpóralo en tu vida, siendo fiel a ti mismo, a tu voz interna.

Indagar en tu mente traerá días muy difíciles. Es cansado pensar en lo que nos gusta y, además, muchos caemos en la pereza de no pensarlo. Te pongo un ejemplo: si cuando vas al cine eres de los que no sabe qué película quiere ver; cuando vas a un restaurante, no sabes qué pedir; cuando te ofrecen algún regalo, no te decides qué escoger... eso es pereza por pensar en ti mismo. Te aseguro que sabes lo que no te gusta, pero te cuesta un poco más entender lo que sí y decidir por cosas que prefieres sobre otras. Muchos nos refugiamos en una frase "yo me adapto", "cualquier cosa está bien", "lo que tú decidas..." en ocasiones, no hay problema y puedes dejar a otros elegir; sin embargo, en otras veces es correcto que elijas lo que TÚ deseas. ¿Te parece que los demás elijan por ti mismo todo el tiempo?

Capítulo 7. Los miedos y las emociones tienen un gran poder, úsalo.

Nuestros antepasados de la época de las cavernas, tenían que cazar para poder alimentarse; contaban con un instinto de supervivencia que los hacía huir del peligro: al estar frente a un animal salvaje —que podía herirlos o quitarles la vida— ellos corrían, se alejaban para cuidar su vida. Ese lado primitivo se quedó en nuestro cerebro el día de hoy.

El cerebro primitivo, también conocido como reptiliano, es el encargado de los instintos; su función es avisar de posibles peligros. Los hombres de las cavernas registraron en su cerebro que peligro eran animales salvajes, hierbas o frutos venenosos, etcétera. En la época moderna, el hombre identifica como peligrosas muchas más cosas, algunas de ellas no son un peligro real, pero el cerebro primitivo no es capaz de diferenciar qué sí y qué no.

¿Recuerdas el "libro en blanco" en el que escribieron tu historia?, pues desde ese libro que otros fueron llenando con lo que pensaron que era mejor para ti, sin querer, también dejaron aquello que les da miedo. Por ejemplo, el temor de los padres de que algo nos sucediera: "Hijo, no hagas eso, te puedes lastimar"; "hijo, no estás listo para eso..." el resultado es que, en ese libro en blanco que te escribieron, no eres consciente de qué temores tienes escritos; por ende, tu mente los recibió sin cuestionarlos. Los registraste en tu cerebro reptiliano encargado de recordarte tus temores, pues cree que te está salvando la vida de un posible peligro.

Algunos de esos miedos se presentan como miedo a cambiar tu vida, a intentar proyectos nuevos, a salir de la zona de confort y, si vamos más a fondo, son miedos que te impiden alcanzar tu felicidad. Esos son miedos heredados de generación en generación, pero tu mente no lo sabe; ella sólo te protege del peligro que corres o lo que ella interpreta como tal, ¿te das cuenta del porqué es tan difícil lograr cambios en la vida?

Tu mente no te ayudará a conseguir las cosas; te bloqueará y te llevará a sabotear tus logros, hasta que tú le digas que ya no debe temer, hasta que la logres programar con nuevos recursos.

La enseñanza de las emociones también fue escrita en tu libro en blanco con frases como "los hombres no lloran; las mujeres son más sentimentales", el resultado es que algunos hombres no se permiten llorar y algunas mujeres lloran hasta por lo más insignificante. Es momento de dejar de ver las emociones como algo malo. Las emociones te ayudan a entenderte. Los estados de ánimo son un aviso de cómo te sientes en ese momento, tu trabajo es analizar los motivos y aprender a hacerte aliado de tus emociones. ¿Por qué etiquetarlas de buenas o malas?, ellas sólo tienen un mensaje para ti y también quieren ayudarte y salvarte.

Comprenderás que no tienes que estar en pelea con las emociones; ellas son como esa música interna que te va guiando —como si fuera una brújula interior—, te dice cómo te vas sintiendo, te habla por medio de lo que te hace sentir para que la escuches. De lo contrario —en la vida tan ajetreada, tan ocupada, sin hacer silencio interior— no serías capaz de escuchar a tu cuerpo, así que la emociones son una comunicación de tu interior contigo mismo. No hay pelea con ellas, no hay lucha; acéptalas, escúchalas y continúa con tu vida.

Capítulo 8. La vida por sí sola no tiene sentido, sino que tú se lo das

He conocido historias de personas que dicen haberlo "perdido todo…"
Viktor Frankl

Conocí a un profesor que perdió a su familia en un accidente y podría decirse que él tenía el derecho justificado ante el mundo de volverse loco, de tirar todo por la borda y de tirarse al olvido; sin embargo, eligió ser un profesor que se entregaría a sus alumnos para contribuir con sus conocimientos en la formación de grandes profesionistas.

Conocí a un académico universitario que perdió una pierna por una enfermedad y su familia le dijo que ya no sería el mismo; le compraría una silla de ruedas y dejaría el trabajo para no correr riesgos en la calle ni en la escuela. Él les hizo saber que no dejaría su vida sólo porque le faltaba una pierna. Siguió con su vida.

Escuché de Virginia Sendel —una experiodista que en 1997 perdió a su hija y a su nieto en un incendio— quien decidió crear la Fundación Michou y Mau (en honor a sus seres queridos) para ayudar a otros niños quemados. Ella no quiso quedarse solamente a llorar su dolor.

Historias como estas sobran; personas que pierden todo económicamente, que viven las muertes de algún hijo, esposo, amigo, algún familiar, etcétera. Son tantas las historias de dolor en el mundo que no se terminarían de contar.

En esto hay algo importante por resaltar, existen personas que, al vivir alguno de estos acontecimientos o varios de estos, deciden dejarse en el vicio, abandonarse, vivir sufriendo como víctimas y quejándose de "lo que la vida les hizo" o lo que "Dios les mandó." Algunos no soportan el dolor y se quitan la vida. Existen otras que han desarrollado una fuerza interior que les da lo que necesitan para soportar los acontecimientos de la vida como divorcios, pérdidas físicas y pérdidas de alguna persona, falta de empleo, crisis económicas y más.

La diferencia entre la decisión de unos y otros es que algunos se sienten presas y víctimas de la vida como si sólo fueran espectadores; viven ensimismados sin poder ver que hay más opciones.

Otros toman los sucesos como algo que pasó; deciden hacer algo más grande frente a ese dolor. Es como si hubiera un grito interior: "¡dolor, no me vas a dejar tirado!", "¡no soy tu víctima!", algo bueno surgirá de este dolor. Este tipo de personas le dan sentido a los acontecimientos de la vida. Así de claro y simple.

La vida tiene siempre sentido, no importa en qué situación te encuentres; tú le das el sentido. No te digo que esté mal llorar, sufrir, sentir esas pérdidas en tu vida o los dichosos fracasos de los que todos hablan. Lo que digo es que no te quedes sumergido en eso, que encuentres la forma de convertir ese dolor, esos sentimientos, en algo más grande que tú. Te aseguro que la vida no planea hacerte daño y que nadie está en contra tuya. El único personaje del que debes cuidarte es de ti mismo. Tú y solamente tú, eres capaz de escribir una historia diferente en ese libro que alguna vez estuvo en blanco.

Darle sentido a todo lo que te sucede no es sencillo; aprender de ello, tampoco. Creer en tus capacidades y en ti mismo menos aún. Puede ser tan sencillo o complejo como tú decidas. Pregúntate quién es la persona que estará contigo hasta que tus días terminen. Si contestaste que tu pareja, tus hijos, tus padres, estás equivocado; la vida cambia de un segundo a otro y no sabemos qué pueda ocurrir. Si contestaste que tú mismo, estás en lo correcto. Suceda lo que suceda, la única persona con quien puedes contar hasta el fin de tus días eres tú mismo. Darle sentido a los acontecimientos en tu vida depende únicamente de ti.

Cuando algo aparentemente malo sucede en nuestras vidas tenemos dos opciones: salir adelante y aprender de lo vivido o vivir una y otra vez ese acontecimiento que quizá finges que nunca sucedió o dejas que crezca y consuma lo que eres. Si eliges lo primero, aprenderás lo que significa vivir y cada día tendrá significado por sí mismo; si eliges lo segundo, guardarás dentro de ti todo y, como una bomba, un día explotará. Además, corres el riesgo de vivir amargado por lo que no fue y sucedió como querías.

Lo que debe darte un tema de reflexión es que mientras no resuelvas lo que te toca, un día serás tú quien escriba en un libro en blanco de algún hijo, amigo, vecino, alumno... por eso, será mejor que aprendas a darle sentido a lo que te pasa.

Las circunstancias externas pueden despojarnos de todo, menos de una cosa: la libertad de elegir cómo responder a esas circunstancias.

Tema IV. Escribe tu nueva historia

Capítulo 9. Eres tu mejor aliado

"Confiar en ti mismo no garantiza el éxito, el no hacerlo garantiza el fracaso." Albert Bandura

El momento de escribir tu nueva historia llegará una vez que hayas entendido cómo funciona tu mente.

Al comprender cómo se generan las creencias y pensamientos que te llevan a actuar de la forma en que lo has hecho hasta hoy, podrás reconocer que eres tú más grande aliado y que estar contigo mismo es bueno e indispensable.

El amigo que te acompaña a todas partes las 24 horas del día eres tú; te conviene crear lazos de amor y de respeto contigo. Eres tú quien tomó las decisiones que te llevaron a tu presente; influido o no, fuiste tú quien tomo las decisiones y esto, lejos de causar dolor o enojo contra cualquiera, es la noticia más valiosa que podrías recibir. Tienes la capacidad de dar sentido a lo que te sucede; entonces depende de ti tomar el poder que tienes de decisión y transformar tu vida.

Es un poco ilógico que esperes que alguien te conozca mejor de lo que tú te conoces. Al estar en una relación —ya sea de amistad, de pareja, de hermanos, cualquier relación que te venga a la mente— muchas veces esperamos que la otra persona nos entienda y sepa cómo nos sentimos. Entonces, es ilógico que, si nosotros mismos no hemos logrado entendernos, esperemos que la otra persona anticipe nuestros sentimientos y nos conozca mejor de lo que nosotros nos conocemos. Preocúpate por conocer cada parte de ti; entender tu mente y tus emociones no es sencillo, pero es necesario para ser tu mejor aliado. Esto significa aceptarte como eres, así de risueño, de amable; así de sensible, etcétera. NO significa que puedes escudarte tras un "así soy", "así he sido siempre" cuando sabes conscientemente que hay algo que estás haciendo mal y que podrías cambiar.

Conocerte significa encontrar esas pequeñas áreas de oportunidad que todos tenemos y transformarlas en algo mejor. Por ejemplo, si estás en una situación de frustración donde lo primero que piensas es culparte porque las cosas no salen como quieres y lo que deseas es llorar por culpabilidad, tienes que tener la fuerza y el coraje de cambiar ese pensamiento. Lo más probable es que lo que está sucediendo no sea tu culpa, entonces primero pregúntate si es necesario perder tiempo culpando a alguien o si sería mejor ser parte de la solución y apoyar a encontrar el mejor camino para continuar.

Al comprender el funcionamiento de tu mente, lograrás cambiar tu mentalidad poco a poco. Este proceso no es mágico pero sí es real, tampoco sentirás que ya sabes todo lo que está pasando en tu mente; lo que sucederá es que el poder que tenían en ti los autorreproches perderán fuerza y, cada vez que incorpores nuevas creencias de libertad interior, lograrás debilitar las creencias limitantes e irás avanzando en reconocer tu verdadera identidad hasta que un día, aquellas voces acusadoras que te hacían la vida imposible se irán callando al dejar de ser alimentadas.

> MENTALIDAD ES ESE CONJUNTO DE CREENCIAS QUE TE LLEVAN A PENSAR DE LA FORMA EN QUE LO HACES EN TODOS LOS TEMAS DE TU VIDA, AMOR, TRABAJO, FAMILIA, ALEGRÍA, FELICIDAD, SALUD, DINERO.

Capítulo 10. La transformación requiere de creencias poderosas

Esta es la gran oportunidad que tienes para reescribir encima de ese libro que otros escribieron. Recuerda que las creencias no se borran, se reemplazan o modifican. Se debe escribir o dictar a la mente nuevas creencias positivas que hagan que las creencias limitantes pierdan su poder.

Ese libro te sigue esperando; esa voz que te habla y te llama en forma de queja, de dolor, de llanto, de reproche, de envidia, te sigue gritando que voltees a escribir tu verdadera historia.

Cuando inicies a escribir tu historia, empezarás a ser el protagonista de tu vida. Por fin has salido de la prisión; esta salida es como si lo hicieras de la mente de tus padres, de la escuela y de la sociedad, para ver el mundo con los ojos de la verdad y puedas elegir qué enseñanzas vas a tomar de unos y otros para construir tu propia historia, tal y como tú la deseas. Vivir a tu manera.

Ese cambio requiere de un trabajo interior que no es difícil. Solamente necesita de tu cooperación, de tu presencia para hacer el cambio; antes te fue negada tu opinión por obvias razones (eras pequeño), pero hoy que eres un mayor, que eres un adulto, eres libre de pensar, razonar, investigar y reconstruir tu vida.

Aprenderás a callar las voces que llegan de forma imprevista; podrás detenerlas en tu mente y preguntarles el mensaje que traen o cuestionarles su veracidad antes de que logren trastornar tus pensamientos.

Segunda parte
Prometo serme fiel. Una forma de vida

Esta sección es una invitación a volver a valorarte, a despertar de ese sueño en que se vive, con culpas, con resentimientos, con dolores, con la sensación de no ser capaz de salir adelante, de no merecer. Es una propuesta con la que podrás sanar heridas, reencontrarte contigo y volver a amarte, a tener fe y confianza en ti.

Prometo serme Fiel es una guía que te llevará, poco a poco, sin que puedas oponerte, a cambiar tus pensamientos y tu manera de actuar.

El contenido de esta guía empezará a hacer cambios en ti conforme vayas realizando las tareas. Ten fe y confía en que lo único que tienes que hacer es la mente abierta y realizar lo que se te indica. El cambio se dará en tu mente inconsciente.

Recuerda: es necesario e importante que sigas las actividades como te indico.

He preparado esta guía para que te sientas acompañado en este proceso; está estructurada de manera muy sencilla, claramente, entendible para que se produzcan los cambios en ti.

TEMA V. CAMBIO DE MENTALIDAD

El conocimiento personal es el norte que nos mueve a emprender unas u otras acciones.

Algunas preguntas muy valiosas para iniciar son: ¿cómo se concibe cada persona?, ¿cuál es la brújula que guía sus pasos?, ¿cómo decide el rumbo de su vida?, ¿cuál es el proyecto de vida que quiere realizar?

Cada persona interpreta su mundo interior y exterior de acuerdo con la información que recibió desde la infancia; por ello, en este módulo, veremos lo que eres realmente como persona, de dónde vienen tus creencias, qué es lo que te limita para lograr tus proyectos, conocerás el diálogo que tienes contigo y que te impide avanzar.

Capítulo 11. ¿Quién soy yo? ¿Qué historia te cuentas de ti?

DÍA 1

"Cualquier cosa que te cuentes a ti mismo, por más terrible o grandiosa que sea, es una historia. Y como historia, como destilación de experiencia, puede ser una verdad relativa, pero no es la verdad final."
Gangaji

¿Por qué no inicio con una larga explicación de este tema y de lo que vas a estar viendo en esta guía cada día? Porque en la manera como haremos este viaje, gradualmente, despertaremos el poder que está asustado y escondido dentro de ti.

Además, quiero que empieces a escucharte a ti mismo y que no te llenes de ideas de otros y tampoco de las mías; que seas capaz de crear tus propias ideas. Te daré conocimientos y herramientas que tienes que saber para que tú mismo estés dirigiendo tu vida y sigas despertando todo ese poder interno que ya te pertenece.

¡Comenzamos!

AUTORRETRATO

No te pido que me escribas quién eres tú ni que te describas como lo haces todos los días cuando estás frente al espejo o cuando estas molesto con la vida y te cuentas una historia sobre ti que no es cierta.

Quiero que ahora realices la actividad que he llamado "autorretrato", confía en mí y déjate llevar por mis instrucciones. Al final, verás que de lo más simple lograremos grandes cambios en ti.

Antes de iniciar, tómate una fotografía y consérvala. Es solo para ti; más adelante, la requerirás; sólo consérvala.

Actividad. Escribir cartas

Carta a mi niño interior

Busca una fotografía de cuando eras pequeño(a). De esa edad en la que te sentías feliz y con muchos sueños y anhelos. Si no tienes fotografía, trata de recordar cuando eras pequeño, aunque funciona mejor si logras conseguir una.

Ahora, vas a escribir en tu libreta una carta para ese niño que estás viendo y que aún vive en tu interior.

En la carta le vas a contar cómo estás en este momento de tu vida, cómo te sientes en el trabajo, con tu familia, en tu profesión, en el amor, cuéntale quién eres, en quién te convertiste, si has cumplido tus sueños, los sueños de ambos (tuyos y de ese niño que vive en ti). Escríbele sobre tus miedos, sobre tus alegrías; dile qué obstáculos se interpusieron entre lograr sus sueños y aún no conseguirlos. Cuéntale si esos sueños cambiaron y el porqué.

Es muy importante que no te detengas a pensar en nada (si estará bien, si estará mal, no importa) sólo inicia escribiendo lo que salga de tu interior. No analices; tampoco busques cubrir todos los puntos que te mencioné. Escribe lo que gustes y sólo usa como guía los puntos mencionados.

Quiero que te tomes el tiempo de leer esta carta y que la sientas en tu interior, ¿qué es lo que te dice de ti? ¿Cómo te sientes?, ¿era como lo esperabas?

Esta carta es muy valiosa, pues te revelará cosas de ti, de cómo te sientes hoy contigo mismo.

Esta actividad tiene una segunda parte.

Mi niño interior responde a mi carta.

Ahora, redactarás una segunda carta en la que vas a prestarle voz a tu niño interno para responder la que recibió de ti. Imagina que eres de nuevo el niño que fuiste, lleno de sueños, de anhelos, de deseos y contesta la carta de tu yo adulto.

Reflexiona, ¿qué te dice ese niño a lo que le has contado?, ¿le dijiste que estás triste o alegre, satisfecho o insatisfecho?, ¿qué te responde ese niño que esperaba de ti?, ¿ese pequeño niño te ha reprochado algo o está feliz con lo que has hecho?, escribe todo lo que te venga a la mente y corazón para responder la carta de ese adulto que escribió lo que siente hoy.

Escribe en tu libreta ¿qué sentiste con todo lo que escribiste en las cartas?, ¿qué concluyes de tu estado emocional, del grado de satisfacción que tienes de la vida hoy?

Por hoy no continúes con las actividades, quédate con lo que has escrito, reflexiona sobre eso. Toma notas en tu cuaderno y deja reposar a tu mente, déjala tranquila y que asiente la información.

P.D. Si tienes deseos de llorar, llora, no te detengas, nos leemos mañana

Descansa y regresa mañana.

DÍA 2

Espero que esas cartas del día de ayer te hayan permitido reflexionar sobre las posibles mentiras que, por mucho tiempo, te ha contado tu mente temerosa. Felicidades por esas cartas.

Actividad: Diagnóstico personal.

Ahora te voy a invitar a llenar un cuestionario que te permitirá darte cuenta de varias cosas sobre ti.

Responde a las preguntas siguientes en tu libreta de trabajo, en la computadora o tu celular.

1. Nombre
2. Ciudad en la que vives
3. Número de hermanos y qué lugar ocupas entre ellos
4. Estado civil
5. Si tienes hijos, ¿cuántos?
6. Pasatiempos favoritos
7. Actividades familiares preferidas
8. ¿Qué cosas o situaciones te causan conflictos?
9. ¿Qué disfrutas más en la vida?
10. ¿Cómo te percibes? ¿Cuál es la imagen que tienes de ti?
11. ¿Qué no quieres ser y sientes que eres?
12. ¿Qué haces con tu libertad?
13. ¿Cómo tomas las decisiones en tu vida? ¿Consultas a las personas para decidir o analizas y decides por tu cuenta? ¿Quizá terminas haciendo lo que otros te digan...?
14. ¿Cuál es tu razón de vivir ahora?

15. ¿Cómo respondes a los acontecimientos de la vida?

16. ¿Qué actitud repetitiva es la que más te molesta de ti y quisieras cambiar?

17. ¿Qué detona la actitud en ti que más te molesta?

18. ¿Cuáles son tus valores? ¿Qué cosas no harías jamás?

19. ¿Qué pensamientos crees que mantienen esa actitud repetitiva que no puedes cambiar?

20. Desde tu ser interior, ¿qué sientes que necesitas en la vida?

21. ¿Qué tan importante es para ti satisfacer tu necesidad? ¿Por qué?

22. ¿Qué podrías hacer para cambiar las actitudes que te molestan tanto?

23. ¿En qué otra cosa puedes creer que no te cause daño?

24. De acuerdo con lo que vives hoy, ¿qué sientes que te pide la vida?

25. ¿Con qué acciones puedes fortalecer el cambio de actitud?

26. Interiormente, ¿cómo debes de pensar o en que debes de creer para reforzar la actitud de cambio?

27. ¿En qué te beneficiaría cambiar tu actitud?

28. ¿De qué factores o de qué personas depende que hagas los cambios de actitud?

29. ¿Qué te puede impedir cambiar?

30. ¿Cómo sería tu vida si haces esos cambios? ¿Cómo la imaginas?

Responde a estas preguntas conscientemente. Toma el tiempo que sea necesario y aquí finaliza tu lectura de hoy. ¡Hasta mañana!

DÍA 3

TALENTOS: Dones, pasiones y habilidades.

Actividad. En una tabla, elabora una lista con tus dones, pasiones y habilidades.

¡No te limites! analiza lo que crees que debe ir en cada columna y escríbelo. Guarda tus resultados en tu archivo o libreta; no dejes de realizar las actividades que algunas las requeriremos en otro momento.

Dones naturales: Habilidades especiales con la que ya naciste.

Pasiones e intereses: Es eso que te emociona fuerte, intensamente y quieres hacerlo con todo tu ser.

Habilidades y conocimientos: Destreza para realizar una actividad determinada con facilidad de manera correcta.

Dones naturales	Pasiones e intereses	Habilidades y conocimientos

TUS DONES Y PASIONES, CON LA PRÁCTICA, PUEDEN CONVERTIRSE EN HABILIDADES

DÍA 4

ÁRBOL GENEALÓGICO

¿Te preguntas de qué se trata todo esto? no desesperes, recuerda que trabajamos con tu inconsciente. Tú sólo déjate llevar y disfruta; vive el presente. El resultado se dará poco a poco y ni cuenta te darás.

Actividad. Desarrolla tu árbol genealógico.

En este árbol genealógico vas a manejar la generación de tus padres y abuelos y si consideras muy importante involucrar a primos y tus bisabuelos inclúyelos; aunque es suficiente si sólo incluyes a tus hermanos padres y abuelos maternos y paternos.

Una vez que tengas el árbol formado, escribe la forma de ser de esos integrantes (inclúyelos aunque ya no vivan).

Confía, recuerda que todo lo que estás haciendo tendrá un buen final.

Miembro de la familia	Actitudes que aportan valor a la relación familiar	Conflictos personales que afectan a la familia
Padre		
Madre		
Tío		
Tía		
Abuelo paterno		
Abuela paterna		
Abuela materna		
Abuelo materno		
Etcétera		

Concluyendo este capítulo, cuentas con información sobre ti que tal vez no habías analizado. Todo esto es parte de ti, de tu historia personal real, de lo que te cuentas sobre ti mismo y de todas esas capacidades que tienes dormidas; pronto seguirán despertando. ¡Hasta mañana!

Capítulo 12. Integra mente, cuerpo y espíritu

DÍA 5

"El bienestar es la integración completa del cuerpo, mente y espíritu, ser consciente de que todo lo que hacemos, pensamos sentimos y creemos tiene un efecto en nuestro estado de bienestar." Greg Anderson

En este capítulo del programa, veremos el tema de la estructura que conforma a una persona y la he dividido en estructura interna y externa.

La estructura interna y externa de la persona

El ser humano es un sistema, es una unidad formada por tres dimensiones, tres aspectos importantes: el físico, el psíquico (mente) y el espiritual, armonizados entre ellos y perfectamente bien integrados, de tal forma que si existe un desbalance entre ellos la persona no puede sentir paz y armonía en su interior. La estructura que lo compone le permite relacionarse con el mundo en sus dimensiones de forma interna y externa. Una persona no camina con el cuerpo separado de su mente o de su espíritu; donde va una parte van las otras dos (con todo lo que conlleva), todas sus emociones, su historia (la que nos contamos nosotros mismos y la del mundo externo). De tal modo que —lo que suceda en el mundo interno de una persona de acuerdo con sus pensamientos y creencias— lo llevan a conducirse en el mundo exterior de manera única y particular deja una huella con su actitud. Asimismo, lo que sucede en el mundo exterior, afecta el interior de una persona pues da lo que recibe del mundo y recibe lo que da, casi de manera inconsciente.

Te resalto este punto que es muy importante: si emocionalmente tienes problemas, tristezas, rencores, te sientes poco valorado, o más que eso, tú mismo no te valoras; si tu amor propio está dañado lograrás enfermar desde tu mente y, tarde o temprano, tu cuerpo físico te hará saber que no se encuentra bien.

Para el bienestar del ser humano, no basta cumplir las necesidades de su cuerpo físico. La experiencia humana se manifiesta al mostrar que el ser humano es más que un cuerpo.

Hagamos conciencia de estos tres aspectos.

Cuerpo físico: Abarca todo lo relacionado con mi cuerpo y mis instintos, por ejemplo: dolor, hambre, sabor, placer, tacto, sexo, etcétera.

El cuerpo es un vehículo, guiado por la mente y el espíritu, y se mueve según se lo indican, de acuerdo con tu estado emocional y las creencias que tengas; él sólo sigue instrucciones y si éstas están contaminadas de baja estima, ya te podrás imaginar cómo se pondrá sentir ese cuerpo.

Actividad: Toma el ejemplo del siguiente cuadro y llénalo de acuerdo con las necesidades que observes en ti, en tu cuerpo interno y externo.

Cuerpo interno ¿Qué necesita tu...?	Cuerpo externo ¿Qué necesita tu...?
Mi corazón necesita de mi...	Mi cara necesita de mi...
Mi estómago necesita de mi...	Mis brazos necesitan de mi...
Mi mente necesita de mi...	Mis tobillos, pies y piernas necesitan de mi...

Realiza este cuadro en tu libreta de trabajo, observa todo tu cuerpo por dentro y por fuera, y anota el nombre de cada parte como en el ejemplo. Escribe lo que necesita tu cuerpo que hagas por él, no te limites; estoy diciendo todo tu cuerpo y cuando creas haber terminado, vuelve a repasarla; fíjate si ya está todo anotado, si no, anótalo.

Por absurdo e insignificante que te parezca no lo es, recuerda que eres una unidad, te diré que, si necesitas cortarte las uñas, lo hagas; si tienes algo que lastime tus manos, tus pies... cualquier cosa, puede ser motivo de que te sientas mal ¿por qué deberías de permitirte sentirte mal?

Finalmente, ya que tienes este cuadro, piensa:

¿Cómo estás tratando a tu cuerpo?, y ¿cómo debes tratarlo? ¿Cómo estás cubriendo las necesidades físicas de tu cuerpo? y ¿cómo debes cubrir las necesidades de tu cuerpo interno? Ahora tienes más consciencia de cómo te encuentras en tu cuerpo físico.

¡Hasta mañana!

DÍA 6

Mente: El hombre se relaciona en el mundo con su dimensión psicológica. En la mente del ser humano, se guardan las ideas, deseos, emociones, dolores, angustias, sufrimientos, conflictos, recuerdos, creencias, historias reales e historias no reales. Se guarda el lenguaje y más; es tanta la información que no somos capaces de darnos cuenta de todo. Somos conscientes solamente de una pequeña parte de toda la información que llevamos guardada en la mente inconsciente y somos inconscientes de las necesidades que tiene esta dimensión.

Durante años, la mayoría de las personas ha concebido la idea de que la mente se encarga del razonamiento y sólo lo pone nuestro servicio para ayudar a resolver problemas de la vida cotidiana; sin embargo, la noticia es que ella razona y responde de acuerdo con los sentimientos y emociones que tiene la persona. Además, entiende un lenguaje único, uno que se le ha enseñado con el paso de nuestros años; es como si cada ser humano hubiera desarrollado su propio diccionario y lo tuviese guardado en su mente (amor no significa lo mismo para todos, respeto no significa lo mismo para todos). Las respuestas de la mente están influidas por las emociones; la dimensión psíquica también tiene sus necesidades de afecto.

Actividad: Siéntate tranquilamente en un lugar apartado y, en un momento de calma, suelta la pluma sobre el papel y escribe una lista de lo que guardas en tu mente. Puedes agregar emociones y sentimientos, no te limites, tus temores, tus alegrías...

Miedos: a fracasar, a morir
Alegrías: La sonrisa de las personas
Tristezas:
Esperanzas:
Lo que amas:

Escribe todo esto en tu libreta de trabajo, todo... lo vamos a necesitar. Toma con cariño cada actividad, se trata de ti. ¡Hasta mañana!

DÍA 7

Espíritu: El espíritu es esa dimensión que funciona como una brújula interna que conduce al hombre desde el interior por el camino que debe seguir para cubrir sus necesidades espirituales, en conjunto con las psíquicas y físicas. Podría decirse que es el Pepe-grillo de cada uno de nosotros, así como en la película de Pinocho, este pequeño grillo ayudaba a su amigo a no perderse del camino. Asimismo, nosotros tenemos una vocecita que nos ayuda a darnos cuenta de por dónde sí y por dónde no ir.

El hombre tiene una realidad espiritual que le guía a seguir el llamado que hace la vida de manera particular. Esa guía interior, ese espíritu, es como una huella interna del creador que siempre se hace escuchar y causa incomodidad cuando una persona no está cuidando su mente, cuerpo y espíritu. Es como un guardián que protege la estabilidad de las tres dimensiones del hombre.

Entonces, esta área de la persona es nuestra guía y abarca la inteligencia espiritual que permite el aprendizaje respecto al saber de la vida a través de conocimiento del mundo interno y externo; es importante reconocer que el espíritu tiene poder de conducir la fuerza de voluntad de una persona a alcanzar una mayor disciplina y a tener la fuerza interna de no dejarse vencer por adversidades de la vida cuando está en medio de un proyecto y quiere abandonarlo. Por medio de la sabiduría se puede pensar, analizar, razonar y entender como personas qué es lo que ayuda a superarse o a destruirse; permite reconocer los ideales y valores a fin de trabajar por conseguirlos y fomentarlos con ayuda de la fuerza de voluntad.

Ninguno de estos aspectos es más importante que los otros. Los tres son muy importantes y deben de estar en armonía y en equilibrio, de ello dependerá la maduración y salud emocional de la persona.

Actividad: Escribe en tu libreta

¿Qué acciones que te edifican o permiten superarte estás haciendo hoy?

¿Escuchas esa voz interior de tu espíritu?, ¿qué te dice?

Escribe cómo te relacionas con tu cuerpo, tu mente y tu espíritu; es decir, haz conciencia de cómo te desarrollas en estas tres dimensiones.

No te límites al escribir lo que vayas descubriendo con este tema. ¡Hasta mañana!

Capítulo 13. Las creencias son poderosas

DÍA 8

"Cuida tus pensamientos, porque se convertirán en tus palabras. /Cuida tus palabras, porque se convertirán en tus actos. / Cuida tus actos, porque se convertirán en tus hábitos. / Cuida tus hábitos, porque se convertirán en tu destino." Mahatma Gandhi

Estamos en el decimotercer capítulo del programa; veremos el tema de las CREENCIAS.

Las creencias se refieren a esa información que está en la mente, que mueve a la persona a actuar en la forma que lo hace y le hace describir su mundo interno y externo de la manera como lo percibe por el conocimiento aprendido. Toda esta información reunida en la mente es la que crea la historia que cada uno se cuenta de sí mismo.

Tus creencias formaron el autorretrato que hoy tienes de ti (puedes leer nuevamente ese autorretrato que escribiste en los días pasados).

Formación de las creencias

A lo largo del desarrollo de tu vida, las creencias se formaron en tu mente; conforme ibas creciendo, intervino en tu formación un conjunto de factores y circunstancias externas a tu persona en el que se incluyen las personas de tu alrededor, con las que conviviste cotidianamente en tu núcleo familiar, escolar y social e, incluso, el ambiente en el que has vivido.

Una persona se mueve en el mundo de acuerdo con las creencias que tiene; éstas la llevan a tener ciertas conductas en la vida y los actos que desarrolla con su cuerpo físico son organizados por la mente y su espíritu.

Para comprender el modelo del mundo interior de la persona y la manera en que expresa corporalmente con sus actos, su mundo interno (mente, emociones, espíritu) utilizaremos los niveles lógicos o neurológicos de pensamiento desarrollados por Robert Dilts.

Se trata de un modelo de 6 niveles de pensamientos ordenados de la manera en que la mente procesa la información de acuerdo con las creencias que tiene.

Saber que existe un modelo mental de pensamiento y conocer sus niveles te permite darte cuenta de que el cambio es posible.

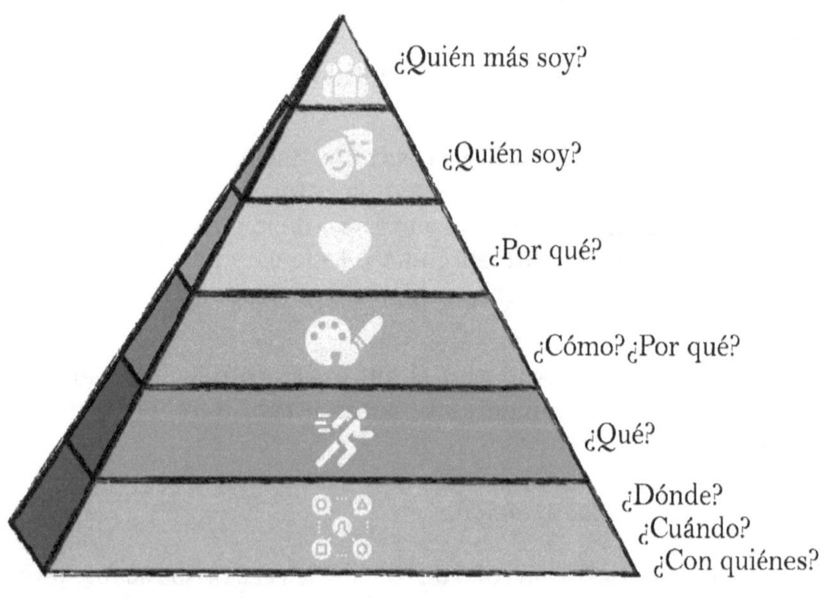

La función de cada nivel de pensamiento consiste en organizar la información del nivel inmediato inferior. A continuación, te presento una lista de los niveles de los que hablo. Notarás que la numeración inicia en el número 6 y va descendiendo; la razón es que el nivel 6 determina al 5, el 5 al 6 y así sucesivamente. Así es como actúa una persona.

6. Sistema transpersonal. Dios. ¿Con quién más? Este es el sistema espiritual de la misión compartida con alguien más. El

ser creador que libera de las ataduras del mundo y da el poder de seguir adelante cuando ya no se tienen más fuerzas. ¿Para qué quiero lograr algo?

5. Identidad. ¿Quién soy? Reconocer tu identidad real te lleva a encontrar la misión individual que tienes en tu vida. La identidad por sí sola no resistirá los embates de la vida, los retos que presenta; en algún momento, la fragilidad humana volteará a preguntarse con quien más va en este mundo, quién le guía y es el momento cuando reconoce que la misión personal la comparte con un ser más grande y poderoso.

4. Valores y creencias. ¿Por qué haces lo que haces? Estos son la materia prima de los permisos que te das para hacer las cosas, son tu motivación al logro de tus objetivos o lo que te limita a lograr lo que quieres. La identidad de la persona marcará sus creencias y valores.

Capacidades. ¿Cómo lo haces? Es la dirección, el rumbo que se da a tus conocimientos dentro de la mente para crear o no crear, de acuerdo con el permiso que le dieron o no tus creencias.

2. Conductas, comportamiento. ¿Qué haces? Es la reacción que se tiene ante los acontecimientos de la vida y que sigue la dirección que le dieron tus capacidades.

Entorno, exterior. ¿Dónde y cuándo sucede? El entorno se refiere a eso que sucede fuera de la persona y le dirige a tomar cierta acción. Esta acción se va a realizar de acuerdo con la reacción que se emita sensorialmente.

Para realizar los cambios que necesitas en tu vida no te voy a abrumar con demasiada información, pero, a lo largo de cada tema que seguirás leyendo, sucederá una poderosa magia sin que te lo propongas. Cada tema será como ir quitando de tu mente las partes oscuras que te angustian, que te impiden vivir en armonía contigo y con el mundo.

Poco a poco tendrás más luz, más paz, más entendimiento de lo que eres en verdad y podremos desenmascarar al impostor que habita en ti.

Nota. Regresa a leer los niveles de pensamiento tantas veces como sea necesario hasta que tu inconsciente lo haya comprendido, ¿cómo sabrás que eso sucedió? sentirás paz en tu interior, creerás en que el cambio es posible y querrás seguir trabajando en tu cambio, realizando las actividades que te planteo cada día.

Este ha sido un día muy revelador y esclarecedor, si puedes tomate un descanso mental y continúa mañana.

Los niveles lógicos de PENSAMIENTO son el sistema operativo de la mente humana. Son nuestra estructura mental, de la cual forman parte nuestros comportamientos, creencias, valores e identidad, entre otras cosas.

¿Te das cuenta?, ¡todo lo que hemos visto empezará a tener sentido!

¡Sigamos despertando tu gran poder dormido!

Las creencias no se borran, no se quitan como magia de la mente; para realizar el cambio se da una nueva información; se brindan nuevos recursos para que en el momento en que se requiere de tomar una decisión, se haya realizado el cambio de pensamiento y se toma otra más favorable.

Recuerda que para cambiar los actos se cambian las creencias, cuando las cambias, puedes cambiar pensamientos y así la forma en que se actúa en la vida.

Esta frase de Gandhi ahora tiene más sentido, ¿verdad?:

"Cuida tus pensamientos, porque se convertirán en tus palabras. Cuida tus palabras, porque se convertirán en tus actos. Cuida tus actos, porque se convertirán en tus hábitos. Cuida tus hábitos, porque se convertirán en tu destino"

Ejemplo del poder que tiene la mente de acuerdo con tu identidad

Cuando se le dice constantemente a alguien ERES TONTO

Espiritual: Soy un tonto para cumplir con la misión que se me encomendó en la tierra.

Identidad: Soy tonto. Vine al mundo a ser tonto.

Creencia: Tiene dentro de su inconsciente la orden de no ser valioso y capaz de lograr lo que se propone, no tiene permiso de progresar en la vida.

Capacidad: No dirige sus conocimientos a crear ya que no cree ser valioso y se anula puesto que vino al mundo a ser tonto y no creativo.

Conducta: Su sistema nervioso reacciona emitiendo el mensaje que dice que no es capaz, que no lo va a lograr.

Ambiente: Él debe de ser tonto y cuando tome acción se equivoca una y otra vez, para cumplir con el mandato en su mente inconsciente de que es tonto.

Con esto puedes darte cuenta de que:

Decirle a una persona sus fallas, defectos o errores, no le ayuda a cambiar si no se trabaja desde el cambio de sus creencias, desde iluminar sus sombras con la luz del autoconocimiento.

Al hacer una corrección a otro se evita decirle: ERES DESOBE-DIENTE, ERES NECIO, ERES INCAPAZ, ya que eso va directo a programar a ese ser, a su identidad. Se le habla a la persona de sus comportamientos y no desde su identidad; lo correcto será decir: TU CONDUCTA ES DESOBEDIENTE..., ACTÚAS DE FORMA QUE SÓLO QUIERES QUE SE HAGA COMO TÚ DICES.

Evitar criticar la identidad de una persona; en vez de eso, referir al comportamiento, evitar que se identifique con que él es un problema.

Contribuye cuando se elogia honestamente a una persona para que vaya subiendo de nivel y loga cambiar la identidad que no le beneficia.

Ahora traslademos esto a ti, ¿qué sucede cuando te dices cosas negativas de tu valor personal, de tus talentos, de tus capacidades?, pues lo que vemos es que, si te hablas negativamente, regañándote y desaprobándote, en eso te conviertes y, probablemente, en eso te has convertido.

Cobra sentido la razón por la cual NUNCA PODRÁS CAMBIAR A OTRA PERSONA, podrás influir, podrás llevarle nueva información, pero el cambio es decisión personal pues no se da con sólo quererlo. La mente requiere ayuda para cambiar sus creencias.

Muy importante de reflexionar

"Las creencias son el alimento de los pensamientos (somos lo que pensamos)"

Comprendiendo que existen niveles neurológicos de pensamiento, ya podrás aceptar los pensamientos que tienes y la razón de ellos además del porqué actúas como lo haces.

Las creencias son el alimento de los pensamientos que tenemos y estos pensamientos nos llevan a tener ciertas conductas en el mundo; los pensamientos son los que nos dicen qué hacer, cómo hacerlo y cómo nos sentimos.

Por medio de nuestras creencias, validamos o no lo que hacemos en la vida. Podemos sentirnos capaces o incapaces de lograr hacer algo de acuerdo con el diálogo interno que tenemos.

Se ven inmersos los recursos internos, aptitudes, las habilidades de la persona para responder a las tareas que la vida le presenta o que el busca resolver como parte de su desarrollo personal.

Preguntas cotidianas y pensamientos, diversos te atormentan y quitan la paz:

¿Quién soy?

¿Por qué no puedo hacer esto, o aquello?

¿Por qué quiero hacer una cosa, y hago otra?

¿Porque me paralizo, cuando quiero emprender algo?

¿Por qué me enojo constantemente?

No controlo mis emociones

No nací, para esto...

Nota: Al saber cómo piensas y de dónde vienen esos pensamientos, tendrás el poder de transformarlos para cambiar tu forma de actuar en la vida. Muchas preguntas serán respondidas y aclaradas de una manera saludable, positiva para tu mente y tu ser. Tal vez ni siquiera te has cuestionado tantas cosas y has aceptado vivir una vida que no te hace feliz como hasta hoy. Escuchas una voz que grita: "esto no soy yo", "soy más que esto", "mis capacidades son más grandes", pero simplemente no sabes cómo salir de esa zona; el temor te detiene, te asustan los resultados, es mejor no intentarlo para no sufrir...

Actividad 1. Hacer una lista de las creencias que tienes de ti, con esa identidad. YO SOY (Todo regístralo en tu libreta).

Divide la lista en dos columnas con el título que se muestra en el ejemplo.

De un lado, escribe las creencias que te hacen sentir bien; del otro, las que te incomodan.

Ejemplo: YO SOY

Me siento cómodo	Causan incomodidad
Yo soy amable	Yo soy incapaz
Yo soy alegre	Yo soy aburrido
Yo soy muy dedicado	Yo soy muy flojo
Yo soy autodidacta	Yo no sé hacer nada solo

Elige una creencia de ti mismo que te incomode y una que te haga sentir cómodo.

Coméntala a una persona que tenga aprecio por ti y sea digna de tu confianza.

Hasta aquí termina el día de hoy. Reflexiona la actividad y nos vemos mañana.

DÍA 9

Continuamos con el tema de ayer sobre las creencias. La actividad de hoy será específicamente sobre las creencias que nos limitan ante la toma libre de decisiones. Estas creencias limitantes nos impiden realizar actividades, lograr sueños y, lo más importante, nos alejan de la libertad.

Actividad. Ejercicio Cambio de creencia limitante.

Ahora vas a hacer un ejercicio en el tomarás algunas de las creencias limitantes que tienes para transformarlas en no limitantes.

1.   Observar la imagen de la situación que no te agrada, la conducta de eso que se quiere cambiar; visualízala enfrente de ti como si se tratara de una película en una pantalla invisible; escuchas los sonidos, pero no logras conectar emociones; reconoces lo que no te agrada en los sonidos, las palabras, las imágenes, pero recuerda: NO HAY EMOCIONES.

2.   Ahora sube tu mano derecha hasta que se encuentre a la altura de tus ojos. En la parte alta a tu mano derecha deberás crear una nueva imagen de la misma escena. Una vez más, estas imágenes son sin emociones. La nueva escena será una modificación de la situación que te desagrada, pero tienes el poder de cambiarla por una más agradable, de ponerle sonido; visualizar cómo quieres que sean las cosas; transformar lo negativo de la primera imagen en positivo, en agradable; ver los logros realizados, escuchar sonidos, sin emociones.

3.   Finalmente, debes hacer un intercambio de las escenas. Cambia las imágenes, la que tienes enfrente, la que no te gusta: la irás haciendo pequeña poco a poco hasta desaparecerla por completo; también puedes tomarla con tu mano izquierda y arrojarla lejos de ti. La que sí te gusta habrá que hacerla grande; ponerla enfrente y poner emociones e imágenes hasta que logres sentirte como en la imagen proyectada. Deberás tomar los recursos que

da esa imagen. Lo que te gusta, lo que puedes cambiar en las situaciones que se te presenten parecidas a ésta, etcétera.

CASO DE EMERGENCIA DE REQUERIR CAMBIO DE IDEAS O CREENCIAS.

Imagínate que esa idea que te está molestando o limitando la puedes tomar literalmente con tus manos y lanzarla muy lejos a un bote de basura; taparlo y retirarte de él. Esto significa tirar la idea y olvidarla por completo. No la estás colocando en una caja para después. Es un bote de basura para no volverla a ver.

Capítulo 14. Estar consciente es vivir despierto

DÍA 10

"Cuando aprendes a hacer algo de forma consciente, puedes pasarlo al subconsciente" Zig Ziglar

Consciente

Consciente es estar despierto a la vida.

Para iniciar este tema, deberás tener a la mano las actividades que realizaste anteriormente. Se trata de ser consciente de los temas pasados para traerlos a tu presente.

Por las actividades pasadas, con toda la información que tienes sobre ti, empezarán a sembrarse en tu inconsciente nuevas herramientas mentales para conducirte en tu vida, nuevas creencias que permitirán que puedas, casi sin objeciones, crear nuevos pensamientos y elegir nuevas formas de actuar y de responder a la vida.

Autorretrato

Al escribirte la primera carta, te diste cuenta de cómo te sientes en el presente y de qué era lo que querías para ti en el pasado. Puede verse una parte de esa realidad que tenías en tu infancia, con esta actividad te diste cuenta si estás o no viviendo de acuerdo con lo que le daba sentido a tu vida, a esos sueños que tenías.

¿Qué descubriste en la carta que escribiste a tu niño interior? Reflexiona una vez más sobre lo que te causó dolor, angustia, tristeza y tal vez alegría.

En la respuesta de tu niño interno, ¿qué descubriste? Reflexiona sobre las respuestas que te dio, ¿te reprocha algo? ¿Te reclama? ¿Te trata con amor, con respeto?

Observa en estas dos cartas la manera en que te tratas el día de hoy, ¿eres muy duro contigo por lo que haces o hiciste mal?, y tu niño, ¿qué te dice en la carta sobre cómo se siente?, ¿te disculpa, te ama? ¿Qué hay en esa carta para ti?

Quédate con esta reflexión en tu interior.

Estructura

Ya sabes que tu estructura interna y externa conforma tu sistema humano y se compone por:

Cuerpo: (vehículo guiado por la mente y el espíritu que se mueven según se lo indican estos) muestra los afectos, los estados emocionales y todo lo que siente, de manera corporal. Todo lo que le está pasando a tu interior se manifiesta mediante el cuerpo.

Mente: En una parte de la mente, se guarda la información que recibe una persona por medio del aprendizaje del mundo y de su propia interpretación de ellos, influidos por sus creencias y pensamientos.

Se descubrió que en el cerebro existe una parte de pensamientos de los que somos conscientes y otra de los que no lo somos. En el cerebro, se desarrollaron tres áreas: neocorteza, que pertenece a la parte consciente, cerebro límbico o emocional y el cerebro reptiliano o instintivo donde habita el inconsciente.

En este tema del consciente, hablaremos de la neocorteza, sin tocar los otros dos temas del inconsciente.

Neocorteza:

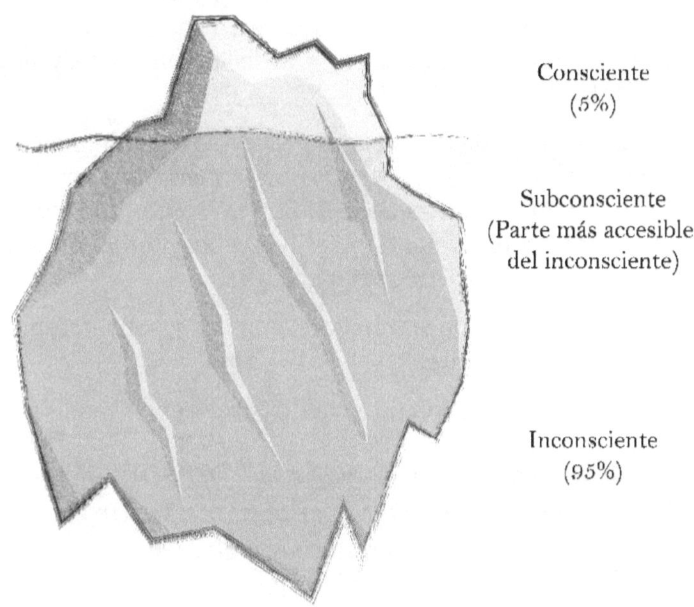

El neocórtex o corteza cerebral se considera el área del cerebro responsable del razonamiento, incluye el lenguaje. Se encarga del pensamiento, permite realizar planes; una parte se encarga de realizar movimientos voluntarios mientras que la otra procesa información sensorial (vista, oído, tacto, gusto y el olfato).

En la imagen se puede observar que una pequeña parte de lo que sucede en nuestra vida lo hacemos y lo sabemos de manera consciente; todo lo que está debajo del iceberg pertenece al inconsciente. Este es el mejor ejemplo para entender por qué no hacemos lo que queremos, pero sí hacemos y decimos mucho de lo que no queremos.

Espíritu: En él se guarda la verdadera guía del ser humano. La persona que se mueve a profundidad en una parte espiritual comprende lo que esto significa; puede desarrollar una gran fuerza en su interior para lograr sus propósitos.

Esta parte del espíritu te acompaña y te levanta cuando ya sientes todo perdido.

En tu vida, la compañía de un ser más grande que tú también llena en el alma esa necesidad de amor de un padre o madre, ayuda a eliminar los miedos desde la fe, desde la confianza y el amor incondicional.

Creencias: El tema de creencias se refiere a esa información que está en la mente inconsciente y mueve a la persona a actuar como lo hace. Se forman a lo largo de la vida y no somos conscientes de ello; se encuentran en la parte baja del iceberg, en el olvido pero son las que nos conducen en el diario actuar .

Operamos en el mundo según las creencias y pensamientos que tenemos en el inconsciente.

Recuerdas la actividad de la lista de tus creencias del YO SOY...

Actividad 1: Ahora vas a retomar esos "YO SOY" incomodos y pondrás una columna que diga qué te hacen sentir y otra en la que escribas cómo podría decirse de forma que te ayude, que no te incomode, ¿cómo puedes cambiar esas palabras?

Ejemplo:

Cuestiona esas creencias, enfréntalas, desenmascáralas con la verdad y haz que pierdan poder.

Soy mal padre	Yo soy incapaz de ...	Creencia incómoda
Dolor, tristeza, vacío, me siento rechazado, me siento enojado conmigo.	Triste, que no merezco, no tengo deseos de intentarlo	Qué y cómo me hace sentir
No estoy en casa todo el tiempo. No llevo a jugar a mis hijos	No puedo lograr nada. Soy perdedor. Soy poco hábil.	Describe lo que es esa creencia
He preparado el desayuno a mis hijos. Les ayudo con su tarea.	He sido muy capaz al cocinar un arroz, un pastel, arreglar la luz en casa...	¿Qué has hecho antes que contradiga esa creencia?
Saldré a caminar con mis hijos, jugaré pelota, dibujaré en la cama con ellos cuando esté agotado.	Estoy aprendiendo y lo voy a lograr. Hoy pude lograr...	Dale soluciones a esa creencia que te den poder y seguridad interior.

Escribe tu lista —tan larga como lo necesites—, puedes dejar más espacios para cuando tengas una creencia que te limite, te asuste o que no puedas superar, así podrás cuestionarla en tu cuadro.

En el cuadro, observa cómo funcionan las creencias limitantes en la mente y date cuenta de toda la información negativa que tienes de ti, de la cual no habías sido consciente; cómo esas mentiras afectan tu vida diaria pues actúas de acuerdo con eso que crees que eres, aunque no sea verdad.

Una parte de la persona está inconsciente, dormida; sólo una parte está despierta; sin embargo, el jefe es el inconsciente.

Vas muy bien, ¡felicidades!, ahora ya eres CONSCIENTE de que tus actos de vida diarios los realizas con solamente el 5% de la información que tienes dentro de ti: el inconsciente te gobierna.

Ahora sigamos, descubramos a ese intruso que nos ha puesto tantas trabas. Nos toca volverlo nuestro aliado, pero para eso primero hay que conocerlo.

Capítulo 15. Ser inconsciente es vivir dormido

DÍA 11

"Hasta que lo inconsciente no se haga consciente, el subconsciente seguirá dirigiendo tu vida, y Tú lo llamaras destino." Carl Gustav Jung

El inconsciente tiene el gran poder de regir tu vida de una forma imperceptible.

Toda la información que tienes en el inconsciente te maneja y dirige como a su marioneta, como si estuvieras hechizado, pero la buena noticia es que el hechizo se puede romper y, mejor aún, estás en camino de conseguir la llave para romperlo.

La parte inconsciente es quien toma las decisiones con la interpretación que tiene del mundo exterior e interior. De alguna manera, la mente engaña a la parte consciente para conducirla a tomar decisiones de las que, a veces, puede arrepentirse.

En investigaciones realizadas por Paul Mc Lean, se estudia el funcionamiento del cerebro y expone la teoría del cerebro triuno, que es lo mismo que "tres cerebros en uno." Aquí se formula que existe una parte de pensamientos de los que somos conscientes y otra de la que no. En el cerebro triuno se desarrollaron tres áreas divididas en:

El cerebro consciente que se encuentra en la neocorteza; se encarga del proceso de razonamiento y se compone de dos hemisferios (derecho e izquierdo). Realiza funciones de análisis y solución de conflictos que requieran de razonamiento.

Sistema Límbico, localizado en el segundo nivel, en él se guardan los centros primarios de la emoción y el hipocampo; entra en acción en situaciones que despiertan el miedo, piedad, ira o indignación. En esta parte, se ubica la amígdala cerebral encargada de asociar lo que acontece con las emociones; repite los acontecimientos una y otra vez para guardarlos en la memoria a largo plazo. El sistema límbico es donde se forman emociones y sentimientos; es decir, se guardan los recuerdos buenos o malos y con esta información se interpreta el sistema sensorial, que da la materia prima para conducirnos en la vida.

Finalmente, el cerebro del complejo reptiliano se localiza en el tercer nivel. Se compone del tronco cerebral y el cerebelo. Este cerebro tiene la función de la supervivencia (comer, respirar), de los cuidados del cuerpo. Se comporta de forma automáticos y muy resistente al cambio. Se encarga de la huida y el estrés.

Te he dado una explicación que va a servir en tu inconsciente para que te sigas dando cuenta de quién eres y del porqué de algunas reacciones automáticas que tienes; es decir, por qué haces lo que no quieres.

Conocer el funcionamiento del cerebro triuno te seguirá dando fuerza interior para despertar de tu poder dormido; el conocimiento es la luz para alumbrar la ignorancia. Muchos errores o malas decisiones las tomamos en la ignorancia.

Cómo ayudar a la mente inconsciente a reconocer cuál es la verdad de esos paradigmas y creencias limitantes:

Dale nuevos pensamientos, ayúdale a tener creencias de poder que permitan que logres lo que quieres.

Una vez que analices si lo que quieres lograr es para tu bien y el de los demás, tu mente y tu espíritu te seguirán; guiarán a tu cuerpo a lograr lo que quieres. Cuando tomes decisiones, debes estar consciente de que lo que vas a decidir realmente es bueno para ti y para los demás De no ser así, en algún momento de tu vida, te empezarás a sentir vacío, algún área de tu vida se va a desequilibrar y afectará otra parte de tu sistema (mente, cuerpo, espíritu). Primero atacará tu sistema emocional.

En la imagen, puedes ver entre que, la parte inconsciente y la consciente, está el subconsciente; esta parte media ayudará a influir y mediar la comunicación entre el consciente y el inconsciente.

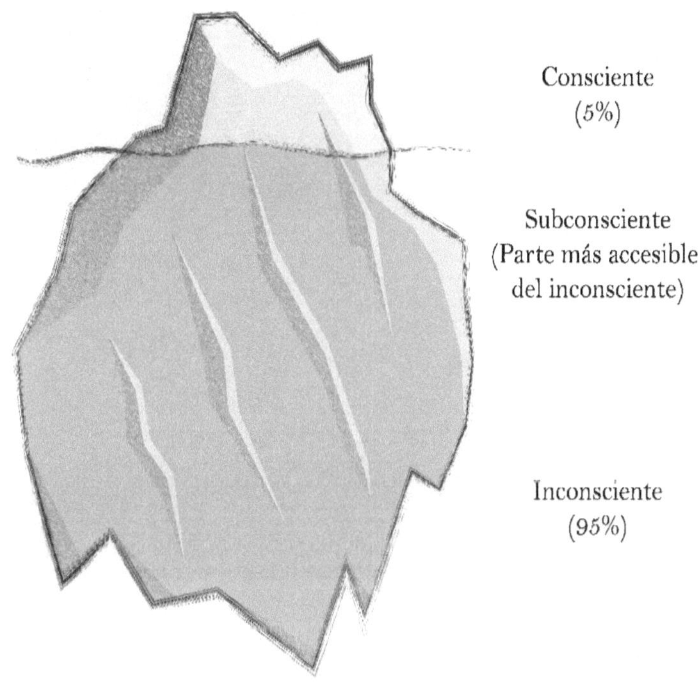

Actividad 1. Escribe en tu libreta de trabajo.

¿De qué te das cuenta con esto?, ¿tu inconsciente te ha manipulado?, ¿lo estás descubriendo?

No te limites, escribe ¿cómo van las cosas en tu mundo interior y exterior?

Capítulo 16. Las emociones tienen un mensaje de amor

DÍA 12

"Una emoción no causa dolor. La resistencia o supresión de una emoción causa dolor."

Frederick Dodson

Las emociones se generan en el cerebro límbico, localizado en el inconsciente; son detonadas por un acontecimiento actual, lo que trae, casi de inmediato, a tu cerebro la respuesta a lo que te sucede. La reacción a ese suceso la dictan tus creencias y pensamientos que han sido guardados en tu mente a lo largo de tu vida.

Autores e investigadores manejan un número diferente de emociones, no es necesario entrar en tema de cuántas o cuales son las principales emociones del hombre; para efecto de poder hablar de ellas, tomaré las 6 emociones de Paul Ekman que son: tristeza, felicidad, miedo, ira, sorpresa y asco. De estas emociones básicas en el ser humano, se derivan muchas más como: ansiedad, asombro, incomodidad, aburrimiento, nostalgia, disfrutar, temor, admiración, sorpresa, excitación. Algunos autores las clasifican en emociones negativas y positivas; también se les llama de energía baja o alta.

Las emociones no son negativas:

Si te quedas con la idea de que una emoción es negativa, la rechazarás y lucharás contra ella. Aquí veremos la importancia de reconocer que las emociones no son negativas y a distinguir lo que tienen de positivo. Si descubres el mensaje que traen para ti, si descubres el regalo que te quieren entregar, reconocerás que tu voz interior se comunica contigo por medio de las emociones.

Científicamente se ha comprobado la naturaleza de las emociones, recuerda que las emociones y sentimientos se generan en el sistema límbico, donde se guardan los recuerdos; se registra cómo se han recibido las emociones y las respuestas que, en momentos, pasados se han dado. El sistema sensorial interpreta lo que sucede en la vida, los acontecimientos diarios de acuerdo con las creencias que se tienen y con esta información da respuesta a las situaciones, para canalizar la respuesta emocional a los hechos de la vida.

El Complejo reptiliano trabaja por instinto, no analiza nada; no piensa, no razona, sólo emite la señal al cuerpo de lo que debe hacer, así que mucho de este sistema se maneja por instinto; en él nacen las respuestas que no se analizan, sólo son respuestas como un reflejo; es decir, si siente hambre, come; si siente sed, toma agua. Este sistema puede engañar a las personas, pues, al actuar por instinto, lleva a realizar actos que, al final, pueden tener un costo alto por no saber que esos instintos pueden manejarse. Por ejemplo, si siente deseo sexual, actúa sin detenerse a analizar lo que está haciendo (esta reacción se puede confundir con amor). Al mundo le hacen creer que el instinto sexual no se controla; los seres humanos sí pueden controlarse, los animales no. Desencadena problemas tan grandes como creer que hubo infidelidad en una relación porque no hubo control en sus emociones e impulsos sexuales; creer que un chico embaraza a una chica porque no puede controlar sus impulsos sexuales o la chica no pudo detenerse ante los actos de cariño que despertaron sus impulsos... así se continúa con una lista de problemas que iniciaron por no conocer la raíz de los impulsos.

Como esto, existen tantos temas de los que el cerebro reptiliano es responsable.

Abraza a tus emociones junto con todo el mensaje

Las emociones son tus aliadas, ellas comunican lo que tú no escuchas, se manifiestan para que las atiendas; de diferentes maneras, se presentan porque te expresan el dolor interior, la falta de amor personal, de respeto a ti mismo, de atención a tu cuerpo, el mal trato que te estás dando.

Las emociones se presentan en forma de mensajes en tu interior que tu cuerpo y tu rostro hacen visibles. Son la medicina que requieres para sanar lo que te hacen sentir.

Conviene hacer reflexión: si tu hijo se enferma lo llevas al doctor; si tu auto se daña lo llevas al mecánico; pero cuando te sientes triste, enojado, casado, te sientes mal, ¿qué haces con todo eso?, lo callas, ¿verdad?, ¿lo ocultas?, ¿por qué?, ¿para qué?, ¿qué intentas lograr? Tarde o temprano te gritará más fuerte hasta que escuches.

Soluciones al conflicto emocional con la mente racional

Trae a la luz tus pensamientos y actitudes emocionales, ponlos frente a ti e invítales a conversar. Cuando la emoción se está acercando a ti —es decir, cuando tengas en la mente tristeza, ira, enojo— entabla una conversación; dale oportunidad de darte el mensaje que manifiesta tu interior: préstale voz y escúchale.

Actividad 1: Dale voz a tu emoción y escúchala. Este ejercicio es poderoso, recuerda que, como en los ejercicios anteriores, no es para tu mente racional, vamos directo al inconsciente, queremos respuestas, así que confía y adelante.

¿Cómo hacerlo? Imagínate que estás sintiendo tristeza, entonces te sientas y te imaginas que tú, en un estado neutral emocional, te sientas junto a tu yo triste y le preguntas:

¿Qué te molesta?, ¿Qué me quieres decir?, ¿cómo puedo ayudarte?, ¡dímelo! Déjate llevar para que tu voz interior responda.

Una vez que te ha contado por qué se siente triste, sigue hablando con esa tristeza.

Respóndele: Quiero ayudarte, estoy aquí contigo y para ti, cuéntame, ¿qué necesitas para no estar triste?, ¿en qué quieres que te ayude?

Ahora que te ha respondido, analiza si lo que esa tristeza te pide es para tu bien y el de los demás. De ser así, promete que vas a buscar las soluciones; abrázate y date tranquilidad.

Despídete y ahora observa: ¿cómo te sientes?, ¿sientes paz, tranquilidad?

Esto ha sido una conversación entre tu parte consciente y la inconsciente. En tu inconsciente está esa información que se guardó por medio de las creencias; cada vez que te presentas a un problema cuyo resultado no es el que quieres, te hace daño; se vuelve a activar la misma reacción porque son las mismas creencias y, por ello, al hablar con la emoción y cuestionarla, las creencias pierden el poder de generar constantemente la misma respuesta.

Actividad 2. Un momento para estar en el cine.

El día puede estar muy ajetreado, pero esta tarea te va a encantar.

En esta actividad, deberás ver la película de Disney-Pixar: INTENSA-MENTE, si ya la viste, deberás hacerlo una vez más desde un enfoque diferente, utilizando toda la información que, hasta ahora, has obtenido además de la que te platico en este capítulo.

Es una película en la que se trata, de manera amena, el tema de las emociones. La protagonista nos dejará ver la gran importancia de todas las emociones y que no son buenas o malas; sólo son emociones, quiero que te des cuenta y compruebes que son mensajeras.

En tu libreta de trabajo, haz una relación de aquellas emociones que te salen sin control, sin razón ni justificación o en el momento menos indicado. Una por una, empieza a encararlas, a atenderlas. Al principio, será difícil que lo hagas cuando la emoción esté ahí presente, pero con la práctica podrás detenerte cuando esté sucediendo para atenderla y escucharla al momento. Ahora se convertirá en tu aliada ya que dejarás de matar a tu mensajero. En este ejercicio, incluye todo lo que se te vaya ocurriendo: dolor, tristeza, nerviosismo, no poder hablar en público, temor de expresarte... cuestiona todos esos temores. Poco a poco, esto te llevará a ser cada vez más libre.

Acepta tus emociones y trabaja con ellas, tómense de la mano y caminen hacía el mismo objetivo ¡Hasta mañana!

Capítulo 17. El origen del diálogo interno

DÍA 13

"Una conversación es un diálogo, no un monólogo. Por eso hay tan pocas buenas conversaciones: debido a la escasez de personas inteligentes" Truman Capote

Este tema te permitirá englobar lo que hemos visto hasta ahora acerca del funcionamiento del cerebro triuno y los niveles lógicos o neuronales de pensamiento. Sabes ya que hay pensamientos gobernados por la parte inconsciente de la mente y que las creencias limitantes te impiden transformarte en esa persona que podrías ser. ¿Eres consciente de la forma en cómo te hablas y de lo que te dices?, ¿descubriste cuáles son los fundamentos de tu conversación interna?

Todo lo que te dices, ¿es cierto?

Si acaso dices que SÍ, retoma todas las lecturas y los ejercicios.

Sí dices NO, ¡felicidades, vas muy bien!

Se dice que tenemos aproximadamente de 50.000 a 60.000 pensamientos al día; gran parte de estos traen el mensaje de tristeza, dolor, vacío, vida sin sentido, reproches, lamentaciones, sentirse incapaz, sentirse mala persona, mal profesionista, mal padre o madre... todo este diálogo viene de un inconsciente alimentado por las creencias y los pensamientos que se han formado a lo largo de la vida.

Date cuenta de que permaneces 24 horas del día contigo mismo en un diálogo interno interminable de autocastigo por lo que no hiciste en el pasado, por los resultados de tu presente. Además, súmale el sufrimiento, estrés y ansiedad por los reproches y el miedo de lo que piensas que no vas a lograr.

Es absurdo comportarse como si se tuviera una bola de cristal para ver el futuro, ¿verdad?

"No nos afecta lo que nos sucede, sino lo que nos decimos acerca de lo que nos sucede" Epicteto

Reflexionemos:

Son 60,000 palabras que nos decimos en el día. El 95% están en el inconsciente, el resto queda en la parte consciente. Visto de esta manera, es comprensible que el diálogo interno te dirija a sabotearte.

Las creencias que obtuviste en el desarrollo de tu vida alimentados ese 95% de pensamientos.

En los niveles neuronales vimos cómo esas creencias son el resultado de la identidad que tienes: si crees que eres capaz, lo lograrás y si crees que no puedes, no lo vas a lograr. Tu mente inconsciente sólo te ayuda a cumplir lo que le indiques; la mente inconsciente no razona, no analiza, no tiene criterio para ver si te conviene o no. Ella sólo arroja lo que tú le pides (como el genio de la lámpara): si crees que puedes, te ayudará a conseguirlo; si crees que no puedes, evitará que lo logres. Te concede la petición. Si ha sido para tu bien o tu mal, eso no lo va a analizar; eso le corresponde al 5% de tu mente. Ahora eso cambiará, pues ya sabes que puedes y debes cuestionar a tus emociones para empezar a tomar el control de tu vida. Sigamos desenmascarando al impostor que se quedó en tu mente inconsciente.

Hasta hoy, permitiste que el desconocimiento de ti mismo le dejara el mando a otro. Es momento de recuperar el mando.

Prisiones y sombras

El ser humano vive prisionero de sus pensamientos, vive encerrado en una prisión que se construyó con el tiempo, desde su más temprana infancia hasta la edad actual. Fue adquiriendo las creencias y los paradigmas que lo hicieron preso. Él mismo fue reforzando sus prisiones con las vivencias personales, puso los candados y dejó la llave en lo más profundo de su ser interior. Dejó de escuchar a su espíritu y a su voz interior, poco a poco, el ruido del mundo tomó la voluntad del hombre y olvidó que la llave está dentro de sí mismo; que su naturaleza humana tiene la guía en su interior, la guía de su creador.

Todo el peso de los pensamientos de su pasado incómodo lo han llevado a cargar con las sombras de dolor, de ansiedad, desesperación, infelicidad, angustias, vacíos en el interior... y todo eso que lastima su naturaleza humana.

La historia que te has contado te sepultó. Es hora de cambiarla por la real, de transformar el diálogo interno que alimenta las creencias limitantes.

Así que no todo está perdido. Hasta hoy has callado y te mantuviste al margen de tu vida. Este es el momento de responder a esa conversación que existe en tu interior; es hora de responderle a tu YO interno. El diálogo es de dos, recuérdalo. Si sólo habla uno es un monólogo. Te toca escuchar con atención, sentir esa conversación interior y responderte, identifica si el diálogo te da energía o te la quita.

Diálogo interior que te da alta energía

Es el diálogo que te causa comodidad, que te lleva a actuar alegremente por lo que haces, que te inyecta vitalidad, que te permite seguir sonriendo incluso cuando estás solo, que te lleva a terminar la jornada agradeciendo por otro bello día...

Este diálogo te permite sentirte merecedor de lograr lo que tú quieres, de vivir como tú deseas y de crear las formas de lograrlo. Ejemplos:

Este día fue estupendo

No logré hacer todas las cosas que quería hoy, pero avancé bastante; mañana me reorganizo.

Disfruto ver jugar a mis niños en el parque.

Si no sé algo hoy, puedo aprenderlo para ponerlo en práctica después.

Este día será espectacular.

Diálogo interior que baja tu energía:

El diálogo del autorreproche es el que te ataca, el que te miente, el que te sabotea, el que te regaña, el que te causa tristeza y dolor. Te recuerda los errores, las fallas de lo que no salió como esperabas o como esperaban otros; te recuerda que si te equivocas, te sentirás avergonzado ante los demás. Te dice "no lo intentes", "vas a fracasar", "es difícil..." Te hace pensar que los errores pasados se van a repetir.

Yo no nací para esto, mejor no lo intento; perderé el tiempo.

Soy un perdedor, ya mejor no lo intento estoy cansado, siempre me salen las cosas mal. Mi madre tenía razón, por eso mi jefe no me da ningún ascenso.

Los amigos no existen, es mejor que yo busque solo como lograrlo. Si comparto mis ideas me las roban, mejor no le digo nada a nadie.

Transformación del diálogo

¿Cómo transformar ese diálogo?

Reconoce que un día fuiste espectador de tu vida. Cuando ibas creciendo y no podías opinar, estabas al cuidado de tus mayores haciendo lo que te indicaban. No tenías consciencia para tomar decisiones. Es importante reconocer eso en tu mente. Piensa y recuerda esas imágenes de tu yo en la infancia; necesitas esas imágenes, esos recuerdos en los que te educaban y te dirigían sobre que debías hacer para liberarte de gran culpa que pudieras sentir, para que, de manera consciente, empieces a reconocer de donde viene el diálogo.

Actividad 1. Con las herramientas que has adquirido escribe en la libreta de trabajo, ¿cómo cambiarás tu diálogo interior? en una tabla, redacta la creencia limitante que alimenta ese diálogo interno y crea uno de poder; ya tienes las herramientas en tu mente, no permitas que el impostor te bloquee.

Ejemplo:

Creencia	Diálogo interno reproche	Diálogo de poder
No merezco ser amado	No mereces ser amado, no eres guapo, no has logrado nada en la vida que sea digno de admirar para que alguien pueda amarte.	Merezco ser amado, soy valioso, tengo cualidades, soy único, soy trabajador, responsable, soy limpio, soy simpático...
No fui buena madre	No fuiste buena madre, sólo tuviste una hija y viviste descuidándola por el trabajo; por eso ahora es tan rebelde; tú eres la culpable.	Le di todo el amor que pude a mi hija, pedí apoyo porque estaba sola para atenderla y tenía que trabajar; logré darle una carrera y llevarla por buen camino. Ahora ella es mayor, tiene principios y sus decisiones son su responsabilidad.

Actividad 2. Escribe en tu libreta de trabajo

¿Qué diferencias observas entre tu diálogo interno al inicio de este programa hasta el día de hoy?

Tema VI. Antes de partir, vive con sentido

Por medio de aplicación de herramientas, en este tema podrás darte cuenta de cómo está tu existencia en este momento, cómo te encuentras en cada área de tu vida. Obtendrás explicación de algunos temas importantes que te permitirán reinterpretar los acontecimientos de tu vida; podrás darte cuenta de que puedes darle sentido a todos los acontecimientos que vivimos o, al menos, evitar que acaben con tu vida emocional.

Capítulo 18. Morir con sentido

DÍA 14

"La muerte no es la mayor pérdida en la vida. La mayor pérdida es lo que muere dentro de nosotros mientras vivimos." Norman Cousins

¡Todos vamos a morir! ¿Verdad o mentira?

Este es un tema que invita a la reflexión, a hacer una revisión de cómo estás viviendo para que voltees a ver si vale la pena vivir sin estar VIVIENDO.

Sin entrar en análisis de cómo y por qué es la muerte, si hay vida más allá o no, es un hecho que todos vamos a morir un día. La muerte es el final de la vida; con la muerte se termina la oportunidad de co-crear con Dios en este mundo, trae el fin de nuestro servicio en la vida; llega el final de poder desarrollar habilidades y usar los talentos para crear obras maravillosas en el mundo.

Tu tiempo no es eterno, ¿te das cuenta de lo valioso que es vivir ahora?

La muerte trae consigo una maravillosa invitación a VIVIR, a aprovechar el tiempo.

Ser conscientes de que un día moriremos invita a vivir no con libertinaje, pues eso al fin (es como morir en vida); una vida desenfrenada también es muerte.

Tu vida es tuya. Tu muerte también lo es.

Vive tu vida porque tú vivirás tu muerte.

El tiempo es limitado. Que la muerte te encuentre haciendo eso que te gusta y puedas decir al final de tu vida VIVÍ A MI MANERA.

¿Tienes miedo a morir?

La muerte toca a la puerta sin avisar, puedes estar "sano", pero a ella no le interesa; puedes tener todo el dinero para pagar médicos, enfermeros, hospitales y medicinas, pero no pagarás a la muerte para que te deje vivir más.

VIVE ahora porque cuando ella venga por ti o por mí, no preguntará si estamos listos para partir.

Si tienes miedo de morir es porque seguramente estás dejando de hacer lo que quieres y al pensar en que te puedes encontrar con la muerte sin que hayas puesto en marcha ese anhelo de tu corazón te causa temor.

"Es importante que hagas lo que en verdad te importe, sólo así podrás bendecir la vida cuando la muerte esté cerca" Elisabeth Kübler-Ross

Con el regalo de la vida, recibiste la sonrisa de la muerte. Y entre la vida y la muerte está el VIVIR.

Bronnie Ware fue una enfermera experta en cuidados paliativos que, por años, estuvo trabajando; acompañando a personas que tenían poco tiempo de vida a quienes, en el lecho de su muerte, dijo haberles escuchado estas confesiones:

Ojalá hubiera vivido a mi manera.

Ojalá no hubiera trabajado tan duro.

Ojalá hubiera tenido el coraje de expresar mis sentimientos.

Ojalá hubiera mantenido el contacto con mis amigos.

No he sabido ser feliz.

Estas son confesiones muy claras; cuando llega el día de la muerte ya no pueden cumplirse.

Antes de partir, hay tiempo de cambiar y de evitar sentir alguno de estos 5 puntos.

Ninguna situación que estés viviendo debería impedirte VIVIR tu presente ya que finalmente la muerte llegará. Sólo se tiene la oportunidad de vivir y de crear en vida.

Actividad 1. Desde el más allá.

Escribe en tu cuaderno de trabajo una carta.

Imagina que ya estás muerto y que tienes la oportunidad de comunicarte contigo desde el más allá, como en "viaje al futuro" que puedes transportar tu carta en el túnel del tiempo. Escribe una carta de cuando ya moriste y cuéntate: ¿cómo estás?, ¿extrañas algo?, ¿estás satisfecho de tu vida?, ¿qué pendientes dejaste en este mundo?, ¿qué no resolviste?, ¿qué no hiciste?...

Si todo está bien, escríbelo; que estás satisfecho con todo lo que hiciste y viviste. Sé honesto. No razones, déjate llevar por tus sentimientos.

Actividad 2. Carta

Después de escribirte la carta del futuro, date unos minutos y respóndela con tu presente. Si no tienes ningún pendiente por hacer en esta vida, eso contesta y si tienes compromisos, planes pendientes para hacer, anótalos en la respuesta a y comprométete contigo a realizarlos

Nota: Es importante que estés en privado al escribir estas cartas y te dejes llevar. Escribe sin oponerte, sin reflexionar. Si estas cartas te sensibilizan y te sientes frágil y vulnerable sigue adelante que ya estás en el cambio.

SABES QUE EXISTE LA MUERTE, DALE SENTIDO A TU VIDA HOY.

¡Hasta mañana!

Capítulo 19. Estado de tu vida actual

DÍA 15

"El equilibrio es la clave para una vida exitosa. No niegues tu mente, cuerpo o espíritu. Invierte tiempo y energía en todos por igual; será la mejor inversión que habrás hecho" Tanya Wheway

Hemos hablado de la muerte y de la gran oportunidad que nos da saber que un día partiremos de este mundo; me refiero a que nos hace ser conscientes de aprovechar la vida, ¿y cómo se aprovecha la vida?, ¿por dónde empezar?

Primero, detente y date cuenta cómo está tu vida. Observa los diferentes espacios en los que te mueves día a día; descubre en dónde estás parado hoy, ¿cómo es la vida que tienes?, ¿date cuenta si decidiste estar donde estás o simplemente la vida te llevo ahí? Escudriña en tu mente, cuerpo, emociones y espíritu cuál es tu situación hoy.

Para lograr verte a ti mismo y a tu situación presente, elaborarás una radiografía tuya de manera consciente. Cuando se va a resolver una situación se hace un análisis de la problemática y se separa en partes para inspeccionar cada una y encontrar en ellas cuáles hay que corregir, cambiar o mejorar. El todo se divide en sus partes para, con ayuda de una lupa, ver qué anda mal.

¿Cómo reconocerás en qué estado se encuentra cada área de tu vida?

Trabajarás con una herramienta usada en las sesiones de coaching que es muy efectiva y puedes utilizarla para darte cuenta de cómo andan las cosas dentro de ti.

Esa herramienta es la rueda de la vida. Está dividida en diferentes áreas que verás al realizar la actividad. Con los resultados que ella te arroje obtendrás una radiografía de qué pasa en tu vida y de cómo repercute esa situación en tu estado mental, en las decisiones que tomas y podrás apreciar por qué sientes ese desequilibrio emocional, con dudas, conflictos, estrés... es una manera muy sencilla de trabajar que te revela qué pasa en tu inconsciente.

Estado Actual de tu vida

Recuerda que tu presente es el resultado de tus decisiones pasadas.

Para lograr hacer cambios en tu vida es necesario que primero te conozcas, que pongas frente a ti tu situación. Para ello, vas a conocer las áreas en que un ser humano se desenvuelve y con esto podrás buscar poner las tuyas en "equilibrio".

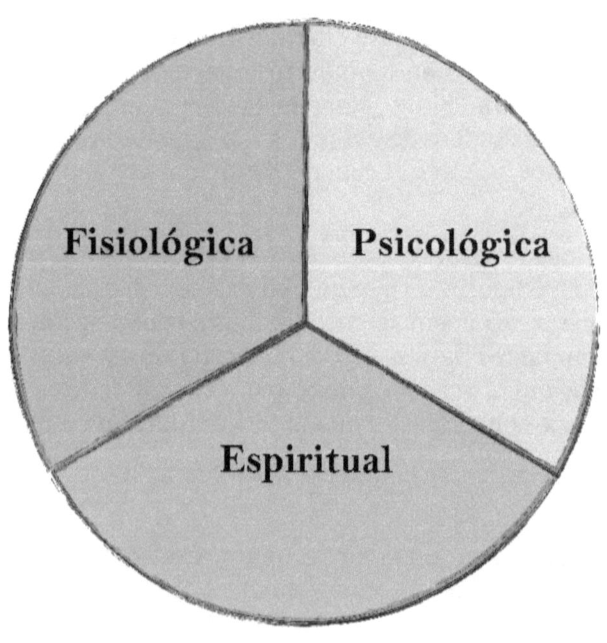

> La rueda de la vida te permitió darte cuenta de cómo están las áreas de tu vida. Como puedes comprobar, las personas somos un sistema en donde intervienen diferentes factores; la falla de alguno de estos puede causar desequilibrio emocional. A su vez, un desequilibrio emocional puede traducirse en una enfermedad. Grandes cantidades de estrés y ansiedad son las principales causas de enfermedad laboral en nuestros días.

Para hacer el análisis mental de cómo te encuentras en cada área de tu vida, realizaremos la actividad de la rueda de la vida.

Antes de ir a llenarla, hagamos un reconocimiento de las diversas áreas de la vida de una persona.

Te daré una lista con las diferentes áreas de la vida; las preguntas que debes hacerte y tienes que decidir, en una escala del 0 al 10, en dónde te encuentras. El cero corresponde a sentirte muy triste y el diez será que estás sumamente satisfecho.

Decide cómo te sientes en cada área y márcalo en tu rueda de la vida.

Desarrollo personal: ¿Te sientes realizado(a) como persona?

Hogar: ¿El lugar en que vives te agrada?

Familia: ¿Te sientes en paz cuando convives con tu familia, te sientes seguro con ellos?

Amigos y relación social: ¿Tu círculo social te hace sentir feliz, contribuye en tu vida?

Salud: En este momento, ¿cómo te encuentras de salud, te alimentas sanamente?

Espiritualidad: ¿Tienes fe, confías en un ser superior, dudas de la vida?

Amor: ¿Hay amor en tu vida, de ti hacia ti y de los demás hacia ti, eres amado por tu pareja?

Trabajo: ¿Tienes satisfacción por el trabajo que tienes profesionalmente?

Ocio: ¿Las actividades que realizas con tu tiempo libre te llenan de energía o tal vez no tienes tiempos libres para ti?

Economía: ¿Estás satisfecho con tus ingresos y la forma en que administras o manejas tu dinero?

Cuerpo: ¿Cómo cuidas tu cuerpo?, ¿caminas, te ejercitas y bebes suficiente agua?, ¿cómo lo alimentas, estás satisfecho con eso?

Actividad 1. Elaborar tu propia rueda de la vida; es decir, tu radiografía.

1. Dibuja un círculo en tu cuaderno de trabajo y divídela en las áreas de tu vida. Cada área forma una rebanada, y las líneas quedan dentro de cada rebanada.

Anota el nombre en cada división de tu pastel (como en la imagen).

2. En el interior de cada área, traza una línea y marca en ella desde el centro el número 0 y hacia el exterior el número 10.

3. Piensa cómo te sientes de satisfecho en cada área (del 0 al 10) y márcala en tu rueda, después une todos los puntos que marcaste.

4. Observa como quedaron las líneas, así es como queda tu radiografía.

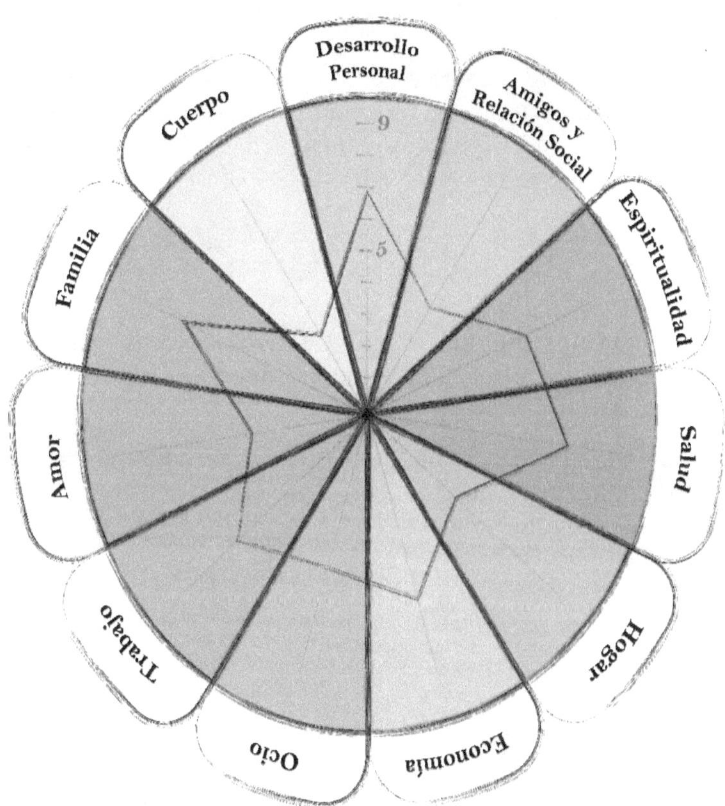

Ahora puedes ver visualmente cómo esta cada área de tu vida.

Si tu rueda permanece entre los numero 6 y 7, puede ser que debas hacer pequeños cambios en todas tus áreas para que sientas más satisfacción en tu vida.

Si tu rueda no tiene forma, y difícilmente podría rodar, es momento de trabajar realmente en arreglar esas cosas que no están de acuerdo con lo que te hace feliz.

Actividad 2. Ahora escribe tus descubrimientos.

¿Cómo estás en cada área de tu vida? ¿Cómo te sientes con tus resultados? ¿Qué te indican? ¿Qué área es más baja?

Nota: Esta radiografía te dice cómo estás ahora. Recuerda que te arroja tu estado actual para que puedas modificar algunas cosas y obtener resultados diferentes de acuerdo con lo que tú quieres.

***

No te inquietes por no formar un círculo, lo más importante es empezar a reconocer el principio del problema para poder modificarlo.

Conserva esta radiografía, haremos uso de ella más adelante. ¡Hasta mañana!

Capítulo 20. Trascender a la vida con tu trabajo

DÍA 16

"El trabajo ayuda siempre, puesto que trabajar no es realizar lo que uno imaginaba, sino descubrir lo que uno tiene dentro" Boris Pasternak

Quiero hablarte del sentido del trabajo, ya que ocupa un lugar importante en tu vida y no solamente por el ingreso económico, también por salud emocional, por la valoración propia, y porque te permite trascender y dejar una huella en este mundo antes de partir.

El trabajo es la acción de la persona por medio de la cual se va perfeccionando al ejercer sus actividades laborales en casa y en oficina, ya sea hombre o mujer. "El trabajo dignifica al hombre: es una bendición" (Ecle, 3:22).

Algunos sabios, y la palabra escrita en la Biblia, hablan ya de la dignidad que el hombre encuentra al realizar un trabajo. Se reconoce que el ser humano ha nacido con dones y talentos y no puede descubrirlos si no realiza un trabajo cada día, pues sólo en este desarrollo de una actividad las va autodescubriendo porque a la vista pueden estar ocultas. Sus habilidades y talentos se van ampliando; se vuelven visibles cuando una persona desarrolla algún proyecto, cualquiera que sea, para transformar un bien. Una ama de casa al cocinar, al sacudir y asear su casa; un padre al arreglar el contacto eléctrico de casa; un profesionista al plasmar su propia persona en la actividad que realice.

Realizar un trabajo es una experiencia maravillosa, es poder desarrollarse uno mismo en esa actividad; imprimirle un sello personal. El trabajo es la gran oportunidad de elaborar una actividad que permite a la persona transformarse y hacer una aportación que transforme su entorno, al darle un sentido a ese trabajo de acuerdo con la forma en que se realiza. La persona que se entrega a un trabajo lo hace en cuerpo, mente y espíritu. Saca todo lo mejor de sí y, con su trabajo, transforma un conocimiento o una materia prima en un bien para uno o más seres humanos.

El trabajo y las empresas

Es una realidad que hay pocas empresas socialmente responsables a las que les importe el bienestar de sus trabajadores y su familia como un bien social, aunque, poco a poco, se ha visto un incremento en las compañías que ponen más empeño y dedicación a trabajar por el bienestar de las familias. Es importante reconocer qué es lo que puede hacer la familia para lograr un equilibrio entre familia y trabajo.

El trabajo y la familia

En las diversas áreas de la vida de una persona están el trabajo y la familia. Ambas requieren la una de la otra; el trabajo permite obtener una remuneración para adquirir los bienes básicos de la familia y costear sus recreaciones. La familia y el trabajo deben de estar en equilibrio; el ser humano debe trabajar para mantenerlas equilibradas. No puede dedicar más tiempo a una y descuidar la otra; de ser así, sucede que en el interior del ser humano se va perdiendo la alegría, se va llenando de problemas internos, lastimándose por el desequilibrio emocional en que se encuentra.

Hoy trabajan hombres y mujeres fuera de casa y el rol de las familias ha cambiado, lo que trae mayores retos.

Actividad 1. Redacta en tu libreta de trabajo

¿Por qué y para qué trabajas? ¿Trabajas en lo que quieres? ¿Cuál es el sentido del trabajo que desarrollas? ¿Qué conflictos te causa desarrollar tu trabajo con respecto a tu familia? ¿Te gustaría cambiar de trabajo ahora y por qué? Si no estás en el trabajo que quieres ahora, ¿qué sentido le puedes dar ahora mientras te encuentres en ese empleo? ¿Puedes desarrollar tus talentos en otro trabajo?

Actividad 2. Carta

Solicita a un ser querido cercano (padre, madre, amigo, pareja, hijos) que te escriban qué opinan de ti con respecto al trabajo que desarrollas.

¿Qué les gustaría en casa que cambiara con la relación del trabajo y la familia?

"La única manera de hacer un trabajo genial es amar lo que haces"
Steve Jobs

Recuerda: Hacer lo que amas en la vida no te va a evitar trabajar duro para conseguir lo que quieres, sólo que trabajar en lo que quieres te da más satisfacción y fuerzas para continuar cuando la cosa se pone muy difícil. ¡Hasta mañana!

Capítulo 21. El dolor es parte de la vida

DÍA 17

"Mientras más profundo cave el dolor en vuestro corazón, más alegría podréis contener." Kahlil Gibran

¿Qué es el dolor? El dolor es la llave del amor, el dolor es el encargado de romper las soberbias, las vanidades, las pretensiones vanas del hombre. Es un maestro de vida y te ayuda a poner los pies en la tierra y bajarte de las nubes. Es quien te enseña a mirarte con ojos transparentes y, cuando no estás con los pies en el suelo, muestra la fragilidad humana.

Todas las personas hemos vivido acontecimientos muy dolorosos; los vivimos ahora y seguiremos pasando por ellos sin saber cuál será más duro de soportar.

La persona que acepta en paz el dolor en su vida logra romper la coraza que cubre su entendimiento y razonamiento donde cree ser merecedor de todo e intocable por los retos humanos; lo vuelve libre de las ataduras y mentiras del mundo. Deja de correr tras las vanidades para aceptar la realidad de la vida y VIVIR cada momento valorándose a sí mismo y al mundo que le rodea.

El ser humano tiene la capacidad de reconocer que existen cosas en la vida que se pueden cambiar y otras que no. Cuando se vive un dolor, un sufrimiento, es importante hacer la reflexión sobre si eso que nos está pasando puede ser modificado por la persona o es algo que se sale de sus manos y, por tanto, no es posible resolverlo pues la solución queda fuera de su alcance.

¿Qué hay más allá de la comprensión y aceptación del dolor? una vida con mayor serenidad, una vida que permite tener activo el corazón y el amor.

Más allá de la aceptación del dolor está la comprensión de que en la vida existe el dolor y la alegría y que van de la mano para recordarnos cuando nuestro ego, soberbia, vanidad y pretensiones nos tienen secuestrados y nos exigen llegar a los cielos Entonces entra la presencia del dolor como ese sanador de la locura invivible en la que nos tiene presos la exigencia del mundo. "Si quieres llegar a la rosa debes tocar la espina".

Cuando una persona tiene recursos en su interior para comprender el dolor de la vida, del sufrimiento y de la muerte, encuentra la forma de vivir con serenidad, paz y aceptación. Los acontecimientos que le causan dolor que pueden separar el entendimiento y la razón de la situación verdadera al secuestrar sus emociones y, aun en ese dolor, ser objetivo y no caer en la locura, desesperación y tristeza.

El dolor es más llevadero cuando se le da un sentido mayor, cuando ese acontecimiento que causó tanto dolor se transforma en una creación de un bien más grande para otros y para sí mismo.

Las crisis traen nuevas oportunidades.

Las crisis traen nuevas oportunidades. Cuando las personas estamos en una zona de confort, en un estado de costumbre donde estamos bastante cómodos con las circunstancias que nos rodean, los cambios los originan esos golpes que da la vida y que invitan a moverse de ese lugar, a levantarse y crear algo nuevo algo mejor y diferente a lo que se estaba realizando. Las experiencias de dolor que vives hoy son ese motivo, ese impulso para lograr algo más. Debes saber que es y será duro emocionalmente, pero que te dará más fuerza como persona, en familia, como profesionista, como hijo, como padre... y traerá nuevas y mejores enseñanzas para seguir adelante, si tú lo aceptas y no te peleas con ese dolor podrás aprender de él.

Las experiencias de dolor te devuelven los pies a la tierra y te susurran suavemente al oído y al corazón: "te estoy preparando para que ayudes a otros a seguir adelante, a pesar de...", esos "otros" pueden ser amigos, tu pareja, tus hijos, un compañero de trabajo, una persona que sólo necesita de esas palabras que con tu experiencia puedes brindarle y ayudarle a dar sentido a su vida aun en el dolor.

Sentido del dolor

El dolor es una gran oportunidad para crecer en el autoconocimiento y, por tanto, en ser una mejor persona; aceptarlo no es volvernos masoquistas ni mucho menos que deba gustarte el dolor y sufrir. Sin embargo, es verdad que muchas situaciones de dolor ayudan a las personas a ser mejores, a realizar cambios en su vida.

Parece que cuando el ser humano no conoce el dolor, o lo evade, no termina su desarrollo personal, su madurez mental.

Salir de cada reto de dolor con mayor humanidad, tener el coraje, el valor de levantarse creo que no es sencillo, pero hay que mirar hacia adelante con fe y esperanza.

De alguna manera, el dolor permite sacar lo mejor de uno mismo, o lo peor, según elija cada quien.

La alegría sin dolor es una falsa alegría.

Actividad 1. Escribe en tu libreta de trabajo cómo le darías un sentido mayor a ese dolor que vives.

¿Qué situación de dolor vives ahora? ¿Está en tus manos la solución? ¿Cómo puedes resolverla? ¿Qué piensas de ese o esos dolores que vives hoy?

Capítulo 22. El amor es esencial

DÍA 18

El amor es esencial en la vida del ser humano; la persona que vive en el amor tiene la capacidad de amar en cada área de su vida, ya sea familia, trabajo, diversiones, al educar a sus hijos, en su área espiritual... Para un ser humano que no ha sido amado es más difícil poder brindar amor a los demás, pero no es imposible.

El amor es una donación de sí mismo al otro, tener la libre disposición de ayudar y acompañar al otro en los momentos de goce y en los momentos difíciles. El amor es fidelidad, se ama por decisión y voluntad propia. El amor es un medio para perfeccionarse en pareja, buscar la perfección de la amistad o de los hijos. El amor es un fin al que se responde de manera integral (mente, cuerpo y espíritu). El que se llama el amor ágape es una entrega total sin esperar nada, es un acto de amor verdadero.

El amor no es reacción física, no es sentir la atracción de quien te gusta, emoción (sentir mariposas en el estómago), admirar (la belleza física o corporal de otro), tampoco es cubrir la necesidad de ser amados.

El amor no es un medio para satisfacer y calmar el deseo sexual de otro. Esta sería la actitud primitiva que se encuentra en el cerebro reptiliano. Esto sería como quedarse solamente en la función del aparato reproductor sin usar la razón.

El amor de pareja

¿Cómo iniciar una relación de pareja de matrimonio sin saber qué se quiere de manera individual?

Antes de formalizarse en un matrimonio, la pareja debe conocer cuáles son las raíces de la relación que van a iniciar, darse cuenta de qué sentimientos, gustos y planes los unen. El amor de un matrimonio debe ser exclusivo, fiel, de donación.

El verdadero amor requiere de un autoconocimiento y del conocimiento del otro.

Antes de darse al otro por amor, debe poseerse a sí mismo. El verdadero amor se dona totalmente.

Actualmente ese amor se confunde con deseo, placer, erotismo, lo que lleva a muchos rompimientos de matrimonios y, con esto, de familias. Conduce a la juventud —y algunos no tan jóvenes— a dar pasos para los que no están listos (en prácticas sexuales de las que no han comprendido su verdadero fin) usando el acto sexual sólo como un medio para satisfacción personal.

El amor en familia

La familia es la primera educadora en el amor de un ser humano, es donde se aprenden las virtudes y los valores. El amor tiene varios caminos para manifestarse, en la pareja, familia, amistad, paternidad... es un camino para darle o encontrarle el sentido a la vida cuando es puro y verdadero nace del espíritu.

El amor lleva un tiempo de evolución en la vida del ser humano, desde la infancia hasta la vida adulta. Es como llevar una mochilita en el interior de la persona desde que nace en donde guarda esas muestras de amor. Citando a San Juan Bosco: "No basta amar a los niños, es preciso que ellos se den cuenta que son amados."

"Prometo serte fiel en lo próspero y en lo adverso..." Esta promesa es poderosa y debemos conocer el alcance que tiene, se repite mucho si darse cuenta del compromiso que se está haciendo, "estar en las buenas y en las malas, en la salud y enfermedad, en lo próspero en lo adverso" es una promesa de acompañar al otro en todo momento, cuando el otro no puede seguir ya con la vida, cuando el otro ya no sabe para dónde seguir, cuando las cosas van "mal" por mucho tiempo, lo único que puede salvar esas reacciones es el amor que se tenga en pareja y el amor a sí mismo.

El amor se vive en soltería o en pareja; es decir, el amor no es únicamente para una pareja en el matrimonio, también se da entre amigos, sobrinos, parientes, inclusive se tiene amor al trabajo y al servicio.

Por el contrario, al hablar de la falta de amor, podemos decir que se vive una gran falta de amor en el mundo porque se ha manipulado su verdadero significado.

El hombre ha confundido conceptos y definiciones; sigue el camino que marca el mundo (televisión, películas, programas vacíos de contenido real...), el mundo ha manejado el tema del amor, como otros temas, a su conveniencia. Es importante que no pierdas de vista que todo lo que te comparto es para que empieces a cuestionarte las verdades que el mundo presenta en diversos temas que, al final, sólo te confunden. Para ello, sé observador, cuestiona todo y cuestiónate por qué es cierto o no lo que te dicen; crea tus propias conclusiones.

Este vacío de amor nos lleva a vivir con miedo de conocer el verdadero AMOR. Algunas personas ya no luchan por amar, pues creen que el amor sólo puede dañar. No quieren renunciar a cosas placenteras por un amor verdadero.

Acto del amor

El amor es un acto puro, único, es una entrega espiritual, permite al ser que ama ver las potencialidades del amado, aun si este mismo las desconoce.

El amor se mueve en el área física, psíquica y espiritual de la persona. El verdadero acto del amor se desarrolla en el área espiritual en la que se entregan los amados física, psíquica y espiritualmente. Recuerda que el ser humano es mente, cuerpo y espíritu; un solo sistema y no se separa, por tanto, el acto de amor, para ser pleno, requiere de la entrega total de la persona.

¿Cómo manifiestas el amor hacia ti mismo?

No puede faltar hacer conciencia del amor personal, el amor a uno mismo, LA AUTOESTIMA, el amor personal que sientes por ti es el que te mueve a creer que sí eres capaz de lograr tus sueños, que es posible que cumplas lo que quieres. El amor personal es el motor que te levanta de las caídas que la vida te presenta, te da la certeza y la fe de que puedes volver a intentar lograr lo que quieres.

La autoconfianza se va logrando con el conocimiento personal y —a estas alturas de la lectura de esta guía— ya sabes de dónde vienen tus creencias limitantes; ya estás más preparado con herramientas que te permiten derrumbar en tu mente las creencias limitantes.

Si aún no sientes el amor por ti, el aprecio por tu persona, sigue trabajando en derrumbar esas creencias de minusvalía que aprendiste.

Recuerda: PROMETO SERME FIEL (sé fiel a tu voz interior).

Actividad 1. Escribe en tu libreta de trabajo: ¿cómo describes el acto de amor?, ¿cómo vives en amor en pareja y en familia? ¿Cómo te manifiestas el amor a ti mismo? ¿Cómo está tu autoestima?

Capítulo 23. La alegría es parte de la vida

DÍA 19

"Si exagerásemos nuestras alegrías, como hacemos con nuestras penas, nuestros problemas perderían importancia." Anatole France

Después de darnos cuenta de las creencias y pensamientos que tenemos, de cómo se vive la vida y al descubrir que hemos vivido muchas cosas que no queríamos porque no sabíamos vivir de otra forma, viene ahora un tema que ayuda a crear nuevos recursos en la mente a crear nuevas creencias: "la alegría."

La alegría es una emoción que nos ayuda a crear gran cantidad de energía positiva y va de la mano con el buen humor y las risas que ayudan a sanar nuestro interior; además, ayudan a ejercitar los músculos faciales.

La alegría es parte de la naturaleza humana, es una fortaleza que ayuda a contrarrestar muchas emociones de baja energía que se presentan como respuesta a pruebas de cada día. Vivir tiene invitaciones a quejarse, por ejemplo: del tráfico, del servicio de alguna persona o empresa, de las cosas cotidianas de la vida, de las respuestas de la pareja de los hijos, del jefe... La alegría te aleja de ese trastorno de vivir sintiendo que el peso de la vida es demasiado grande, te aleja de quedar ciego al amor.

La verdadera alegría es aquella que produce el amor verdadero. Esta alegría real lleva a la persona que ama a preocuparse y ocuparse de él y de los otros y, como nadie da lo que no tiene, la persona debe aprender a vivir en la alegría para compartirla.

¿En dónde se encuentra la alegría? está dentro del ser humano; la alegría es una decisión.

Se usa la consciencia para decidir si somos felices o no a pesar de todas las situaciones que hayamos pasado o que estemos viviendo.

Esta decisión se toma de acuerdo con las creencias que tengas de la vida y del mundo, con tus creencias de cómo debes vivir.

La alegría no requiere de cargas como "debo hacer, debo tener", cuando sueltas los debo de y los tengo que, trabajas en lo que quieres y dejas que los resultados lleguen sin presionar para que sucedan cuando tú quieras y como tú quieras. Se trata de hacer lo que quieres y soltar las cosas, como con el bumerang, los resultados regresarán y no es necesario perder la alegría de vivir para disfrutar de tu trabajo, familia y demás.

Estudios demuestran que el cuerpo, de manera natural, es capaz de crear su propia alegría; producir una hormona que aumenta la alegría llamada endorfina, que es la responsable de proporcionar las dosis de alegría llamada "la droga de la felicidad"; circula por todo el cuerpo. Cuando estás demasiado pensativo en tus problemas, disminuyes la producción natural de endorfina en tu cuerpo, lo que te lleva a ser presa de la negatividad, de la tristeza, del dolor, de una vida sin sentido.

Cómo producir endorfinas:

Estar consciente de vivir los momentos del presente para poder alegrarse de la vida, recibir con amor y agradecimiento a Dios por el aire que acaricia tu cuerpo, por la naturaleza que te rodea, por el entorno de la belleza de animales, plantas, flores, colores, la belleza del cielo, la belleza del ser humano, por el amor a tus hijos...

Todos los días, dibuja una sonrisa en tu rostro, aunque no sea real, fingir la alegría funciona como un engaño a tu mente inconsciente. Si crees que eres feliz, poco a poco, tu mente te creerá y verás las cosas de forma diferente hasta lograr producir las endorfinas de la alegría.

Carcajéate cada que puedas, acude donde hay niños (son muy ocurrentes y seguro te harán sonreír). Disfruta de las cosas cotidianas de tu vida, de los alimentos de la belleza del mundo, de los amigos, de una caminata, de jugar con tus niños, de practicar un deporte, de la presencia de quien amas.

Beneficios de la alegría:

Creas empatía con las personas de tu alrededor.

Regalas paz, amor y esperanza a las personas que les sonríes.

Te permite encontrar solución a los problemas que aparentemente no tienen solución y te permite aceptar lo que no tiene solución.

Ayuda a reducir el estrés.

Permite mejorar la actitud ante la vida.

Te ayuda a resolver los problemas con una mente con claridad.

Actividad 1. Sonreírle a la vida después de leer esta actividad.

Sonríeles a todas las personas que veas en tu camino y, si puedes, dile cosas amables, aunque estés en medio de un problema, pero sobre todo, sonríele a quien miras en el espejo.

Si te cuesta trabajo hacerlo de forma natural, hazlo fingidamente, recuerda que la mente no sabe si es real, sólo engáñala. Tú puedes hacerlo, eres el director de tu vida.

No te tomes la vida tan en serio, disfrútala.

Qué ningún plan de vida te quite la alegría, que ningún sueño te quite la sonrisa.

Nada es más importante que disfrutar la vida en equilibrio, con el dolor, frustración y lo que ella trae.

Actividad 2. Escribe en tu libreta de trabajo que acciones vas a implementar para crear alegría en tu vida.

Capítulo 24. El poder de la resiliencia

DÍA 20

"La resiliencia se entiende como la capacidad del ser humano para hacer frente a las adversidades de la vida, superarlas y ser transformado positivamente por ellas" Edith Grotberg

La resiliencia es la capacidad que tiene una persona de superar el dolor y las situaciones difíciles que le suceden en la vida; es la capacidad de aceptación y adaptación ante su nueva realidad en los sucesos más difíciles.

La resiliencia se puede desarrollar.

A lo largo de estos días, has obtenido información que te permite darte cuenta de la verdad del ser humano, de tu verdad. Sabes que no todo lo que has creído ha sido cierto, te has dejado caer por el peso del dolor de la vida, por las creencias equivocadas que pusieron en tu mente inconsciente y te has hecho consciente de la inconsciencia con que diriges algunas áreas de tu vida.

Sabes que, si vives bien, el dolor te dejará aprendizajes valiosos, ya conoces el poder del amor y la alegría. Si a todo esto, le sumamos la certeza que tenemos de que un día llegará la muerte a tu puerta, entonces este tema de la resiliencia te viene a inyectar, con toda seguridad, que para vivir una buena vida tienes que aceptar lo que vives, resolver lo que puedes y lo que no puedes, dejárselo al creador que dará orden a todo.

Para tomar decisiones de ese tamaño, con toda la libertad, confianza y fe de que todo saldrá como debe ser, entonces le toca salir a escena a la resiliencia, que es la que te llevará a lograr salir adelante.

"Entre estímulo y respuesta hay un espacio. En ese espacio está nuestro poder para elegir nuestra respuesta. En nuestra respuesta radica nuestro crecimiento y nuestra libertad" Viktor E. Frankl

La libertad interior

Todos los seres humanos somos libres de decidir, en cualquier circunstancia, cómo vivir lo que nos ocurre. Si el clima no te gusta, si la comida no te gusta, si ha muerto un ser amado, si perdiste tu casa, tus bienes materiales, siempre tienes la libertad de decidir cómo vivir lo que te ha pasado, es verdad que para lograrlo se debe aprender primero a hacer uso de esa libertad y salir de la prisión mental y tú ya lo estás haciendo.

El ser humano logra la libertad cuando no es preso de nada que lo condicione a vivir, de un empleo, de una moda, de las noticias, de las creencias del mundo; el hombre es libre y dueño de si vive la libertad y no el libertinaje, ni en sumisión. El hombre es libre si escucha el llamado de su espíritu de su voz interior, y sólo si es libre puede crear la vida que quiere.

"Quien tiene un <porqué> para vivir, encontrará casi siempre el <cómo>" Viktor Frankl

El pasado no te determina.

Un ser humano que tiene un pasado de dolor, infelicidad, llena de conflictos desde la infancia no está determinado a vivir así por siempre, es capaz de desarrollar la resiliencia interior.

Desarrollar la resiliencia:

Reconocer tus fortalezas internas.

Aprender a reconocer lo que tiene solución y está en tus manos resolver, para buscarla.

Darte cuenta de que cosas se salen de tu alcance por resolver y dejarlas ir, y aceptar esa situación.

Evita magnificar las problemáticas que se te presentan.

Acepta que en la vida no tenemos control de muchos acontecimientos que se viven.

Ten un proyecto de vida y síguelos con toda tu pasión, eso te levantará cada día a pesar de todo lo que vivas.

Estructura y anota ese proyecto que vas a realizar.

Recuerda por qué haces lo que haces.

Cultiva tu mente, cuida tu cuerpo, y fortalece tu espíritu.

Práctica estar consciente de tus pensamientos, espíalos y cambia lo necesario.

Nota: La Resiliencia no es una palabra de moda, es una manera de vivir.

Actividad 1. Responde a las siguientes preguntas, escribiéndolas en tu libreta de trabajo.

¿Qué obstáculo estás viviendo en este momento de tu vida?

¿Cómo piensas superarlos?

¿Cuál es ese sueño o proyecto que te levantará cuando ya no puedas más?

"Déjame decirte algo que ya sabes. El mundo no es arcoíris y amaneceres. En realidad, es un lugar malo y asqueroso. Y no le importa lo duro que seas, te golpeará y te pondrá de rodillas, y ahí te dejará si se lo permites. Ni tú ni nadie golpeará tan fuerte como la vida.

Pero no importa lo fuerte que puedas golpear, importa lo fuerte que pueda golpearte y seguir avanzando, lo mucho que puedas resistir, y seguir adelante. ¡Eso es lo que hacen los ganadores!

Ahora, si sabes lo que vales, ve y consigue lo que vales. Pero debes ser capaz de recibir los golpes y no apuntar con el dedo y decir que eres lo que eres por culpa de ese o el otro. ¡Eso lo hacen los cobardes! ¡Y tú no eres un cobarde! ¡Tú eres mejor que eso!". Rocky Balboa

Tema VII. Eres libre de escribir tu historia

Con la información de este tema, vas a lograr una transformación para reinventar tu historia, para reescribir el nuevo camino a seguir. Existirán momentos de tensión y frustración, un cambio conlleva dudas y miedos, pero lograrás obtener una reinterpretación de tu vida y tu historia cambiará.

Poco a poco, saldrás de tu zona de confort y obtendrás un gran cambio final.

Capítulo 25. Conciencia espiritual

DÍA 21

"Solo escucha tu voz dentro de ti. Esta es la mente a la cual confiar. Esta es la conciencia de Dios hablando, no el ego que está buscando reconocimiento" Angela Walker

¿Consciencia o conciencia?

Consciencia es la capacidad que tiene una persona de reconocer la realidad que está en frente de él; es estar despierto y darse cuenta de las cosas y los hechos que le rodean, de lo que estimula sus sentidos.

Conciencia es la capacidad de reconocer la esencia espiritual de la persona y la conexión con la fuente del origen de su vida. La conciencia es el centro de la persona.

En el tema de la estructura, se habló de que somos cuerpo, mente y espíritu, ahora hablemos un poco más del espíritu. Para ello, tomaré de contexto los niveles lógicos de pensamiento desarrollados por Robert Dilts y retomados por John Grinder y Richard Bandler que desarrollaron la Programación Neurolingüística.

Observa la estructura de los niveles de pensamiento: entorno, conductas, capacidades, creencias, identidad y espiritual.

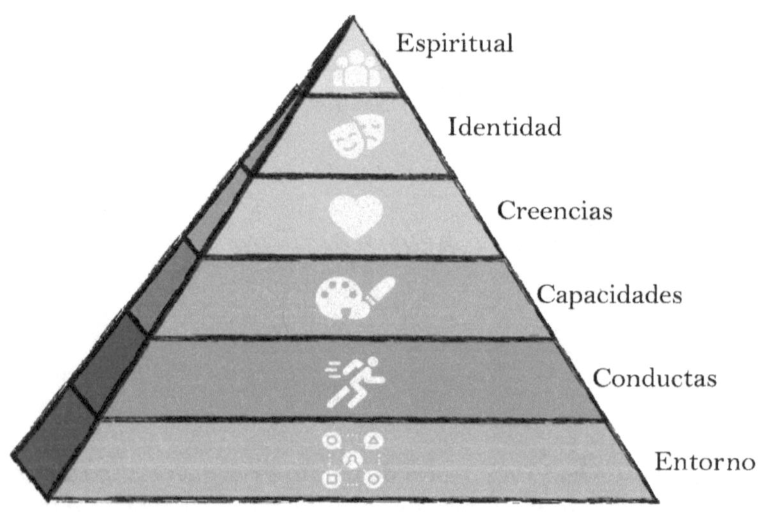

En estos niveles lógicos de pensamiento, se aprecia que el área transpersonal o espiritual queda por encima de todos los niveles. Los creadores de estos se dieron cuenta de que el ser humano que vive conscientemente su espiritualidad puede ser capaz de liberar todo ese poder interior que tiene dentro de sí. Cuando reconoce que hay un ser más grande que el humano, el creador de la vida que le permite a una persona entender su naturaleza humana para poder descubrir su verdadera identidad, el "¿Quién soy?", lo que le permite hacer cambio de creencias limitantes. Al sentirse amado, se siente capaz de lograr las cosas que se proponga y se siente merecedor sin lugar a duda. Su conducta en el mundo es de aceptación de la vida, vive y actúa en su entorno de acuerdo con lo que se siente seguro de SER.

Esa persona que cree plenamente en un Dios de amor es capaz de encontrar cómo salir adelante en la vida. ¡Ojo! aquí me refiero a esa persona que conoce a un Dios de amor y que además toma acción para lograr lo que quiere, alguien que cree en el poder de su Dios y toma esa protección de amor para crear y seguir proyectos; no me refiero a una persona que "cree en un Dios castigador", en un Dios que vive pidiéndole sacrificios o que no ha entendido bien el mensaje y cree que sólo basta orar sin tomar acción; que piensa que sólo pidiendo algún día Dios le enviará lo que pide.

Conciencia espiritual

Como dijimos, en el espíritu se guarda la verdadera guía del ser humano. Abarca la inteligencia espiritual y la fuerza de voluntad de una persona. La inteligencia espiritual nos conduce a obtener el aprendizaje respecto al saber de la vida como del conocimiento del mundo.

Es importante reconocer que mente, cuerpo y espíritu van juntos. Ninguno es más importante que los otros: los tres lo son y deben de estar en armonía y en equilibrio; de ello dependerá la maduración y salud emocional de la persona.

El espíritu (fuerza de voluntad) te da el poder de tener la resistencia, de transformar las pruebas más difíciles de la vida, eres libre de elegir cómo sentirte.

La conciencia te permite vivir con la actitud necesaria para trascender (sobreponerte) a lo que no puedes cambiar.

Vida con fe

"La conciencia es la presencia de Dios en el hombre" Víctor Hugo

Grande es el dolor del mundo sin tener fe en Dios.

Una vida espiritual es aquella que te permite hacer una revisión de las cosas que haces hacia otros que les provoca malestar y de lo que está haciéndote sentir mal a ti mismo que no sabes de dónde viene...

Examinar la conciencia no es calificar tu moral o valores; es encontrar respuestas ocultas en tu interior con amor y respeto a ti mismo. La conciencia se examina en la oración (conversación íntima con Dios) estando en contacto con Jesucristo, cara a cara. La conciencia es quien te guía; es la voz interior que te incomoda hasta que la escuchas, como dijimos, es ese Pepe-grillo de la película de Pinocho. La conciencia te hace saber lo que Dios quiere decirte. Dios busca la forma de no dejarte solo, de que lo escuches, a veces cuesta trabajo escucharlo porque las voces del mundo te gritan más fuerte.

La voz de Dios, su llamado es discreto, lleno de amor, suavidad y respeto.

Aconteció que, yendo de camino, entró en una aldea; y una mujer llamada Marta le recibió en su casa. Esta tenía una hermana que se llamaba María, la cual, sentándose a los pies de Jesús, oía su palabra. Pero Marta se preocupaba con muchos quehaceres, y acercándose, dijo: Señor, ¿no te da cuidado que mi hermana me deje servir sola? Dile, pues, que me ayude. Respondiendo Jesús, le dijo: Marta, Marta, afanada y turbada estás con muchas cosas. Pero sólo una cosa es necesaria; y María ha escogido la buena parte, la cual no le será quitada. (Lucas 10,38-42)

Beneficios de vivir con una conciencia formada:

Ayuda a diferenciar los actos buenos de los malos.

Ayuda a tener la fuerza de voluntad de no incurrir en actos que te llevan al mal.

Ayuda a formar la madurez humana.

Sentirte libre de ataduras a personas o a cosas de la vida.

Formación de la conciencia:

Reconocer que los actos se razonan, buscar la verdad de las cosas.

Ser congruentes con lo que siente, con lo que dices, haces y piensas.

Atender a los llamados del espíritu santo.

Reconocer los actos buenos como los que te llevan cumplir el llamado de Dios

Reconocer y rechazar los actos que te alejan de cumplir tu llamado.

Actividad 1. Observación o expiación personal. Contesta en tu libreta de trabajo.

1. ¿Qué actos descubriste que realizas aun sabiendo que no te hacen bien?

2. ¿Cómo piensas hacer uso de tu fuerza de voluntad para realizar aquellos actos que no puedes lograr por perder la fortaleza?

3. Si supieras que no fallarás en lo que te propongas porque tu espíritu interior te ayudará a lograrlo, ¿qué harías ahora en tu vida?

Nota: Recuerda que, si no cambias tus creencias, tu conciencia podría ser errónea y decir "todo está bien, así como está".

Aquí termina el día de hoy, hasta mañana.

Capítulo 26. Salir de la zona de confort causa tensión

DÍA 22

La vida de un ser humano está llena de presiones, desde que nace hasta que muere. Déjame enunciar algunos ejemplos: en el periodo de embarazo, una madre vive constantemente situaciones que le hacen pasar por estrés y angustias, desde esperar pacientemente que todo salga bien hasta que ve a su hijo en sus brazos. Por su parte, el recién nacido que está ya en el mundo pasa por momentos de dolor y presión para su nacimiento; al mismo tiempo que un padre vive momentos de preocupación haciendo lo que puede para que todo salga bien en su familia. La nueva relación de una pareja los hace pasar por diversos retos aprendiendo a vivir con una nueva compañía; en la convivencia, se van conociendo y cada uno cede en algunas cosas para lograr la armonía en familia, aunque en medio de todo esto puede haber discusiones y grandes tensiones en el "estira y afloja" de cada uno. Cuando una persona se encuentra en transición de joven a adulto, los adultos los hacemos elegir una profesión a la que dedicarán su vida y, al ser tan jóvenes e inexpertos, ese es otro motivo de estrés, de dudas sobre qué decisión deberían tomar o qué camino podría ser el mejor y como estos, hay muchos otros ejemplos de tensiones y presiones constantes en nuestra vida.

Todos estos acontecimientos —y muchos otros más— nos causan conflictos emocionales. Una manera de mantener la calma y no ser presa de la tensión es observar detenidamente las circunstancias externas, no tomar decisiones apresuradas, reflexionar sobre experiencias pasadas y no precipitarse a crear futuros catastróficos. Así se desarrolla la capacidad de superar los escenarios que se presentan en la vida; es decir, la resiliencia.

Para desarrollarla se requiere de un conocimiento personal y el trabajo que se lleva para lograr obtenerlo causa un desequilibrio que podemos llamar tensión. Cuando nos enfocamos en nosotros mismos corremos el riesgo de descubrir cosas, actitudes y formas de ser que causan conflicto y tensión interna. La búsqueda de uno mismo permite reconocer que tenemos los recursos y capacidades de lograr esos proyectos que están en nuestro corazón y descubrir, al mismo tiempo, que se tienen miedos impuestos y aprendidos que no nos permiten salir fácilmente a buscar nuestros sueños.

Es necesario reconocer, entender, aceptar y tener presente que la vida está llena de tensiones y retos para que, de antemano, sepas que salir a lograr un nuevo proyecto o sueño te causará una gran tensión, pero estar consciente de que eres capaz de vencerla dará paso al cambio.

Ahora te presento dos puntos de vista de la tensión:

Tensión no sana causa:

Dolor, tristeza, angustia, estrés, enojo, autorrechazo, autorreproches, diálogo interno acusador, dolores musculares, enfermedades constantes, torceduras y lastimar el cuerpo sin querer. Vivir con baja autoestima.

¿Cómo vivir la tensión sana?

Aceptar que la vida se vive en tensión constante pero, en lugar de luchar contra ella, aprender a bailar a su ritmo. También debes conocerte y aceptarte como eres; cambiar en ti lo que puedes cambiar, mantenerte en constante observación de la forma en que actúas al tomar distancia de ti mismo para desapegarte de las creencias personales que te limitan.

Recuerda que estamos en constante cambio y que las situaciones que vivimos nos transforman; no somos un producto terminado.

Actividad 1. Observación de lo que me causa tensión.

Elabora un cuadro en tu cuaderno de trabajo y responde lo siguiente:

Haz una lista de aquellas cosas en tu vida que requieren una solución y has estado postergando.

¿Qué descubres que te había impedido darles solución a esas cosas? De antemano, reconoce que esto causa tensión, pero es necesario hacerlo para tu superación.

Ahora que sabes que tú eres quien puede darles solución o postergarlo más, ¿qué harás para cada una de esas cosas pendientes?

Ejemplo:

Requiere solución	Que te impide resolver	Cómo vas a resolverlo
Cambiar de empleo	Tengo que pensar cómo hacerlo; reconocer mis aptitudes y talentos; requiere de mucho esfuerzo	Reconoceré mis talentos y en qué los puedo aplicar y tomaré acción para desarrollar un proyecto

Nota: Demasiada reflexión para resolverlo puede llevarte a no decidir nada, así que sólo responde de manera natural.

¡Hasta mañana!

Capítulo 27. ¿Cuál es mi misión? ¿Quién soy?

DÍA 23

"Ninguna dificultad puede abatir a aquellos que tienen fe en su misión" Gandhi

El ser humano fue creado para la grandeza y le corresponde analizar lo que está sucediendo en la vida; cuáles son las problemáticas del mundo y cómo puede aportar soluciones; con ello vuelve a su propósito de vida y ayudar a otros. La Misión está enfocada en lo que necesita el alma para crecer, para trascender, para sentirse bien y descubrir qué ha venido a hacer a este mundo.

La misión es ser feliz aprender a amar.

Cuando no se está satisfecho con la vida que se tiene, con los resultados obtenidos en este mundo, es momento de hacer un alto y verificar qué está sucediendo en el inconsciente; qué sucede en esa parte que no podemos ver que no permite lograr la misión de vida. Lo que nos pasa fuera es resultado de lo que llevamos en el interior, de lo que aún no somos conscientes y cuando te cuestionas e investigas el porqué de lo que te sucede, encuentras que siempre estuvo en ti cambiar lo que sucedía y no te gustaba.

A veces, no se consiguen los resultados que se quieren a pesar de hacer todo porque el mundo interior es un caos; está todo disperso y no sabemos hacia dónde vamos o, peor aún, dónde estamos. Para lograr vivir esa misión de ser feliz a plenitud, se requiere traer al presente los acontecimientos y confrontarse uno mismo para encontrar las cosas que obstaculizan los logros que se anhelan.

Cómo reconocer la misión

Cuando eras un niño comentabas lo que querías ser de grande; con el tiempo, lo fuiste cambiando u olvidando y haciendo a un lado conforme ibas creciendo, pero —aunque es normal— debes recapacitar si estos cambios fueron por decisión propia o por ideas externas que te orillaron a cambiar. Por ejemplo, comentarios como "de eso te vas a morir de hambre" podrían cambiar algo en tu inconsciente que te haya hecho elegir algo que, en un principio, no querías. Para recordar eso que querías hacer, esa misión que ya sabías cual era, te toca reconocer quién eres y qué quieres hacer, te toca escuchar tu voz interior sin juzgarla, sin esa incredulidad de "¡esto no es para mí!, ¡no puedo ser eso!", sin pensar que no tienes el dinero y muchos otros bloqueos mentales.

Algunas recomendaciones para vivir tu misión:

Escucha con calma los anhelos que dicta tu ser espiritual y acepta esa misión de tu interior, no te opongas.

Reconoce la verdadera alegría y plenitud que sientes dentro de ti al pensar en cumplir esa misión, ese llamado.

Ayuda a los que necesitan de ti, sin olvidarte de ti.

Conviértete en la persona que te dicta tu ser interior.

Pon en silencio las voces que no te dejan escuchar tu voz interior.

Cuando te estés alterando, regresa a la calma de tu esencia, acude a tu dimensión espiritual

Ama y deja que te amen.

Haz esas cosas que te llenan el alma de amor.

Trabaja en donde estás y da testimonio de la felicidad en tu manera de obrar de cada día.

Busca hacer lo correcto.

La vida es una misión, el amor es la misión, somos amor.

Recuerda que somos una unidad, vive tu misión con mente, cuerpo y espíritu.

Lee nuevamente la actividad de los talentos y considera todo lo que has visto hasta ahora. Apóyate en las actividades que realizaste para entender con más claridad quién eres y cuáles son tus talentos; ahora, con toda esa información sobre ti, realiza las siguientes actividades y anótalas en tu libreta de trabajo.

Actividad 1. ¿Qué era lo que más disfrutabas hacer de niño?

Actividad 2. ¿Cuál es tu misión en la vida?

Capítulo 28. Reconoce tu propósito y tus talentos

DÍA 24

"Las personas necesitan un propósito que tenga significado. Esa es nuestra razón de vivir. Con un propósito compartido, somos capaces de conseguir cualquier cosa" Warren Bennis

Recordemos que somos mente, cuerpo y espíritu; por tanto, el propósito de vida abarca los tres aspectos de la persona.

Es importante que, al decidir nuestro propósito de vida, seamos conscientes de hacer una verificación ecológica, la cual consiste en revisar que las decisiones tomadas no afecten a otros ni a uno mismo.

> Para la Programación Neurolingüística, "ecología" se refiere a darnos cuenta del impacto que causa tomar una decisión en nuestra vida, con la prevención de que lo que se elija como propósito de vida no afecte a las personas del entorno y tampoco a nosotros mismos.

Cuando se rompe la regla ecológica, te ves afectado tarde o temprano en alguna área de tu vida (familia, trabajo, salud, amor...).

Ejemplos de elecciones de propósitos que rompen la regla ecológica:

Un padre decide que seguirá su propósito de vida al separarse de su familia e ir en busca de su sueño profesional.

Una madre decide que su propósito es servir en una iglesia y deja a su familia desatendida.

Un estudiante no asiste a clases sin avisar a sus padres, pues decide que su propósito de vida es ser músico.

Ejemplos de elecciones de propósitos que cumple con la regla ecológica:

Un padre decide que seguirá su propósito de vida: habla con su familia, crean un plan y deciden apoyarse como familia. Todos de acuerdo.

Una madre decide que su propósito es servir en una iglesia, llega a un acuerdo con su familia de servir un día a la semana, así no la descuida y ella se siente tranquila.

Un estudiante habla con sus padres y les hace saber que quiere estudiar música y que va a seguir esa profesión (si sus padres no estuvieran de acuerdo y él es un joven adulto, simplemente hablará con la verdad, no hará daño a sus padres ni tampoco a sí mismo; sus padres tendrán que respetar su elección)

El ejemplo dice en otras palabras:

Para cumplir con la regla ecológica que nos plantea la Programación neurolingüística debes tener en cuenta que, tomes la decisión que tomes, deberá ser algo que te beneficie a ti, pero que no dañe a nadie más. De ninguna forma lo que decidas hoy deberá dañar tu presente o tu futuro y no debe afectar a otras personas ni causar daño al planeta o a la sociedad.

Nota: En la búsqueda de tu propósito de vida, encontrarás muchas personas que no estarán satisfechas con tus decisiones; muchas tratarán de que no llegues a tus metas y otras te apoyarán Estas personas pueden ser tus familiares y, aunque lo importante es no dañar a los demás, tampoco es aceptable que te dañes a ti mismo; eso significa que no puedes renunciar a tu propósito de vida.

Encuentra tu propósito, cuestiónate:

¿Qué te gusta hacer?

¿Cuándo te hacen saber los demás que lo que hiciste está bien?

¿Qué te dice la voz de tu interior que debes hacer?

¿Haciendo qué te sientes más cómodo?

Al descubrir la acción que realizas —y si es la que más resuena en tu interior— esa tarea en particular es el propósito para el que has sido creado, siempre y cuando pase la regla ecológica.

El propósito tiene que ver con talentos, dones, habilidades y lo que puedes ofrecer al mundo para que sean felices.

Beneficios de conocer el propósito de tu vida:

Ser el director de tu vida.

Vivir una vida con sentido.

Alejarte del estrés, depresiones, desesperanza...

Tener un porqué vivir y superar las pruebas de la vida.

Actividad 1. Cómo encontrar mi propósito. En tu libreta de trabajo, conserva toda la información que vas desarrollando de ti.

"Los dos días más importantes de tu vida es el día en que naces y el día en que descubres por qué" Mark Twain

Escribe en esta tabla lo siguiente y no te limites a usar más líneas.

Lo que amas hacer	Lo que el mundo necesita	Por lo que te pueden pagar	Tus talentos

Esta tabla te permitirá darte cuenta con claridad de tu propósito. Realiza la revisión ecológica.

Ve cómo quedan tus hallazgos si los unimos:

Pasión= Lo que amas hacer y tus talentos.

Misión= Lo que amas hacer y lo que el mundo necesita.

Vocación= Lo que el mundo necesita y por lo que te pueden pagar.

Profesión= Por lo que te pueden pagar y tus talentos.

Actividad 2. Realiza este ejercicio:

Imagina que estás recostado en una cama en tu lecho de muerte y que no lograste realizar tu misión en la vida porque no decidiste nunca tu propósito.

¿Qué emociones sientes?, ¿miedo, enojo, rabia?

Intensifica todo lo que puedas esa sensación (tal vez te lleve al llanto). Continúa intensificándola y cuando ya no puedas más con lo que sientes; regresa a la realidad y toma ese dolor y ese miedo que te causó saber que puedes morir sin cumplir tu misión de vida.

¿Qué te deja esta experiencia? Escríbelo en tu libreta de trabajo.

Capítulo 29. Decide con discernimiento

DÍA 25

"Las buenas decisiones provienen de la experiencia, y la experiencia... viene de las malas decisiones" Anónimo

Decisión

Tomar una decisión implica hacer una evaluación sobre lo que se va a decidir; se requiere tener conocimiento del tema, conocerse a uno mismo, saber quiénes somos, cuáles son nuestros valores, qué resultados esperamos, qué estamos dispuestos a dejar o cambiar y aceptar la responsabilidad de los resultados de la decisión que se tomará; así como tener la fuerza de voluntad para realizar lo que se elija.

El ser humano busca ser feliz. Nadie va por el mundo buscando ser infeliz, la misión natural del hombre es serlo.

Hemos hablado del espíritu, del amor, de la conciencia y de la misión y se reconoce la presencia de ese espíritu en el interior de una persona. Con esto, ya tenemos el conocimiento de que para ser felices debemos escuchar el llamado del espíritu, el llamado de esa voz interior, cuidando no confundir esa voz con la voz del mundo, materialista, llena de prisa, de disfrute no sano, de competencia desleal. Tu voz interior, tu espíritu, no busca la fama, la riqueza del mundo, ni el poder, pero ten mucho cuidado con eso de que no buscamos riqueza y bienes materiales. Hemos confundido no buscar bienes y riqueza material con: "no tener dinero porque siendo pobre somos más felices. Porque el dinero es malo." Es cierto que no se busca la fama y la riqueza, pero tampoco se le dice que no a los lujos, a los anhelos sanos del corazón de una vida más decorosa, más digna y con comodidades. Lo que se quiere decir es que nuestro afán no está en hacer dinero, sino en SER. Entonces, aunque nuestra primera motivación no debe ser la fama y la riqueza, no está mal buscarlas mientras nosotros mismos no nos perdamos.

Es verdad que la misión y el propósito de vida se viven sin buscar, como fin último, las cosas materiales de este mundo; es preciso estar conscientes de esto para tomar decisiones favorables en libertad.

"El ser humano es capaz de tomar decisiones basándose en sus valores. La facultad de elegir el rumbo de nuestra vida nos permite reinventarnos a nosotros mismos, cambiar nuestro futuro e influir con fuerza en el resto de la creación" Stephen Covey

Decidir en libertad

Requiere tener claridad en la decisión que se tomará y no sentir dudas de lo que se elige. Además de que la decisión no debe estar condicionada por nada ni nadie.

Las decisiones tomadas sin libertad son como esta: "me caso porque estoy embarazada", "trabajo en esto porque eso me da de comer", "acepto el maltrato porque me mantienen", "hago esto porque es mi obligación", "hago esto porque tengo miedo a represalias, aunque va en contra de mis valores" "hago este trabajo que me traerá dinero, aunque sea en contra de mis valores".

Todas las decisiones traen sus consecuencias y si se toman decisiones bajo presión, las consecuencias son muy desfavorables, roban la paz y la alegría, causan angustia, culpa, dolor.

Ejemplo de toma de decisiones:

Un familiar está enfermo e internado en el hospital con mucho dolor; él ya no quiere sufrir más. Los médicos dan su informe a la familia; dicen que clínicamente ya no se puede hacer más; sin embargo, él puede vivir más tiempo si se le tiene conectado a aparatos y con fuertes medicamentos (que también le causan dolor y angustia).

Decisión 1

La familia alterada, confundida por el dolor, decide que lo mantengan con vida, con aparatos y medicinas. Aceptan el encarnizamiento terapéutico.

Decisión 2

La familia —alterada y confundida por ver el dolor del paciente y por el de ellos mismos— decide que se intervenga y se aplique la eutanasia (muerte sin dolor).

Actividad 1. ¿Qué opinas de ambos casos?

¿Estas decisiones se toman en libertad?

¿Qué diferencia hay entre una decisión y otra?

"Uno debe cultivar la fina cualidad del discernimiento que va junto con el coraje y el carácter espirituales" Mahatma Gandhi

Discernimiento

De acuerdo con el diccionario, discernir es "distinguir por medio de intelecto una cosa de otra o varias entre ellas."

Reglas para discernir sobre un tema que se quiera resolver de acuerdo con los ejercicios espirituales de San Ignacio de Loyola.

1. Imagínate que estás frente a una persona que no has visto nunca. Tú le deseas todo el bien y ella te platica una situación que requiere de tomar decisiones en su vida, te pide consejo. ¿Qué le recomendarías hacer para resolverlo?

2. Imagínate que estás muriendo y, desde ese momento de tu vida, tienes que tomar decisiones sobre algo. ¿Qué decidirías?

3. Imagínate que ya estás muerto y estás con tu creador en el juicio de tu vida; desde ahí, piensa qué decisión tomarías respecto

a este tema. ¿Qué decidirías?

Verificación de la decisión tomada:

Si eres creyente de Dios, platícale la decisión que tomaste ya con el discernimiento.

Si no eres creyente, conversa con tu voz interior y muéstrale la decisión.

En ambos casos, deberás sentir paz de lo que decidiste, alegría, amor, orgullo y aceptación de ti mismo, si esa es la decisión más conveniente. Recuerda que nada es mejor o peor que otra cosa, aquello que se acomode a tus circunstancias y valores, será lo correcto. Tomar decisiones puede tardar un tiempo según hayas trabajado esa idea en tu mente y de acuerdo con lo preparado que estés para aceptar las respuestas.

Actividad 2. Tomar decisiones con discernimiento de temas que tengas pendientes.

Trae a tu mente un tema que quieras resolver y que te esté causando inquietud y confusión para elegir una solución.

Toma le decisión de ese tema de acuerdo con lo explicado; debe pasar la prueba ecológica y ser tomada en libertad. Anótala en el cuadro.

Ahora haz la prueba de discernir ese tema de acuerdo con las tres reglas de discernimiento.

Escribe en tu libreta de trabajo:

Decisiones	Discernimiento 1	Discernimiento 2	Discernimiento 3

Capítulo 30. Construye sobre roca firme

DIA 26

"Cayó la lluvia, vinieron los torrentes, soplaron los vientos, y embistieron contra aquella casa; pero ella no cayó, porque estaba cimentada sobre roca" Mateo, 7-25

Este es un gran momento. Ahora, con todo lo que se ha visto, hay que hacer los cambios necesarios en las diversas áreas de tu vida para poder reconstruir el camino que quieres seguir para ti. Obtuviste información para la compresión de la naturaleza del hombre, cuerpo, mente y espíritu; la estructura interna y externa te proporcionaron un material de conocimiento personal; con ello no se puede negar que el ser humano es el creador de su vida. Pudo ser que en los años de tu infancia, o hasta tu edad adulta, no sabías que puedes y debes ser director de tu vida, pero hoy ya lo sabes; es una obligación y un derecho responder a los llamados de la vida, a los llamados del espíritu, para cumplir tu misión.

Construye sobre la roca firme

Imagina que, al nacer, te dieron una mochilita que ibas llenando con el conocimiento del mundo. Durante toda tu infancia, llevabas esa mochila a todas partes; en ella, guardaste lo que el mundo te dijo y lo que tus creencias te permitieron sobre lo que habías aprendido bajo el condicionamiento del mundo.

Resulta que cuando creciste y necesitabas herramientas para resolver cosas en tu vida, abriste tu mochila para sacar los recursos y —aunque ahí dentro hay muchas herramientas que te sirven para enfrentar los retos de la vida— no encuentras lo que ayuda a ser feliz, no encuentras lo que te hace sentirte aceptado, amado. Descubres que muchas cosas de las que metiste en tu mochila, no las elegiste conscientemente y sientes que ya no te pertenece,

¿sabes por qué? Porque todo no te pertenece. En otras palabras, has construido sobre una roca que no fundaste tú, construiste tu casa en el terreno de otro.

Ahora te toca tomar una mochila y meter las herramientas que tú elijas. Construir tu casa en tu propio terreno; construir tu vida en la roca firme; construir con esa misión de tu vida; es decir, ADUEÑARTE DE TU VIDA Y SER EL ÚNICO QUE DECIDA CÓMO CONSTRUIRLA.

Elementos para construir mi vida

1. Sabes quién eres, reconoces tu historia personal, conoces tus límites, tus talentos, tus posibilidades, tus áreas de oportunidad.

2. Conoces la forma en que piensas y el porqué de las creencias y pensamientos limitantes, los conoces y sabes cómo cambiarlos.

3. Conoces tu misión, tu propósito. Eres consciente de ti y de tus talentos.

5. Sabes que tienes todo el poder en tu interior, la fuerza de voluntad, sabes que si tienes un sueño en tu interior obtendrás cómo lograrlo.

4. Te toca poner por escrito ese proyecto que quieres hacer. Escribe los pasos a seguir, escribe todo confiando en que lo vas a realizar, sin dudas o con dudas, escríbelo, recuerda: no te preocupes por el cómo, sólo escribe y lo demás llegará, "no necesitas ver la escalera completa sólo da el primer paso".

¡¡¡Sólo hazlo!!!

Fundamentos poderosos de que Dios quiero sólo lo mejor para ti:

"El hombre hace proyectos en su corazón, pero el Señor pone la respuesta en sus labios" Proverbios 16 -1

Esto nos dice que el hombre debe hacer sus proyectos desde el corazón, que cumpla su misión en este mundo. A Dios le agrada y quiere que se cumplan los proyectos que hagamos y no dice que sólo en el área espiritual. Se tiene la libertad, el derecho y la obligación de hacer realidad los proyectos en las diversas áreas de la vida, incluida la economía. Aclaro esto porque estamos hechos para la abundancia en todas las áreas de nuestra vida, así que no te límites. Recuerda hacer tu plan por escrito y el cómo hacerlo llegará.

"El hombre piensa que todos sus caminos son puros, pero el Señor pesa los corazones." Proverbios 16-2

No te aferres a que obtener los resultados como tú quieres. Haz tu propuesta y Dios dispondrá; trabaja con todo lo que tienes en lo que quieres sin desequilibrar tus áreas de la vida; trabaja en ese proyecto entregando todo lo que le corresponde y suéltalo. Deja que las cosas se acomoden, no te afanes en el perfeccionismo y que no te gane la vanidad, el orgullo o el ego, para minimizar tus logros.

Trabajar en lo que queremos es muy importante, pero no te aferres. Si te aferras, cerrarás el camino de lograr aquello que viene para ti. Si no es para ti, se cerrará el camino, debes soltarlo y quedarte con la experiencia de lo aprendido.

Toma decisiones con discernimiento, confía en Dios, confía en tu intuición, en tu voz interior y los resultados llegarán; no como tú quieres, si no como mejor sean para ti.

"Encomienda tus obras al Señor, y se realizarán tus proyectos" Proverbios 16-3

Recuerda que todo lo que hagas no tiene que ver sólo contigo, si sólo lo haces por ti y para ti desde un punto de sólo ganar tú, entones las áreas de tu vida estarán en gran desequilibrio. Podrás lograr ganancias, pero desatenderás el amor interior y con él, tu salud.

Haz todo con fe, con la esperanza de que los resultados son para bien. Toma todo lo que resulta del aprendizaje que te da, y trata de no te quejarte de los resultados; algo bueno tienen.

Obstáculos que se pueden presentar:

Quejas constantes

Quejarse constantemente de lo que sucede en nuestras vidas impide ver con objetividad los acontecimientos que se presentan. Cuando te enfocas en lo que sucede sin aceptarlo, atraes más cosas negativas. Cambia tu enfoque para conseguir lo que quieres, si ves una puerta cerrada, encuentra cómo abrirla.

Parálisis por miedos

Cuando tengas dudas y el miedo te paralice, detente. Recuerda todas las capacidades que tienes en tu interior y, si en algo te estás atorando por temor, detente y atiende a tus miedos.

Escribe a qué le temes. Tu temor te está avisado que le faltan recursos internos para lograr lo que le pides; entonces ve, prepárate en el tema y regresa a seguir con tu proyecto.

Si tu proyecto es honesto —si es para ayudar, si es con todo tu corazón— verá la luz. No te presiones, sé honesto contigo mismo y piensa cuánto puede llevar. No te frustres si te lleva más de lo esperado. Disfruta del camino y cuando no estés disfrutándolo y te gane el agobio y la frustración, suéltalo. Necesita tomar su rumbo y ser libre, has hecho lo necesario, lo que sigue le toca a Dios. Ve y recárgate de energía física, emocional y espiritual.

Parálisis por la procrastinación

Cuando ya tienes decidido el proyecto que vas a hacer y todo el plan realizado y llega el día en que te comprometiste a realizar tal acción, estás por poner manos a la obra; sin embargo, ese día le das importancia a otra cosa, decides hacerlo mañana y llega el siguiente día y tampoco haces lo que tenías programado. Entonces llega el día anterior al que tienes como límite de tener lista la actividad a realizar. ¿Qué pasa? Te apresuras, te aceleras, te pones nervioso y decides que, en este momento, sí lo harás y te sientas a trabajar, ¿lo logras?

¿Sabes que pasa en tu mente?, ¿recuerdas el cerebro triuno? El cerebro primitivo, emotivo y racional. Lo que pasó es que tu cerebro racional no tomó el mando de las cosas, se lo dejó a los otros dos cerebros; uno inconsciente, sin sentido del humor; el otro emocional, que prefirió celebrar la libertad de hacer lo que quería sin tomar la responsabilidad, sin razonar el compromiso que se había propuesto realizar.

Si dejas a tus cerebros irracional y emocional solos, te van a seguir llevando a donde sea y como resultado obtendrás culpa y dolor por no tener la capacidad de luchar por lo que quieres; además de temor, reproches, amor propio herido, baja estima, ansiedad...

CÓMO DEJAR DE PROCASTINAR:

Fácil, ¿verdad? toma el mando de tu vida, ya sabes cómo funciona tu cerebro, úsalo para pensar, analizar y reflexionar lo que haces. Deja de procrastinar en todos los temas de tu vida. Si te propones hacer algo, debes hacerlo conscientemente, usa tu fuerza de voluntad, usa una agenda siempre; ponles fechas y horario a tus compromisos, acompáñate de la agenda. Los primeros días, oblígate a usarla y, con el tiempo, será natural hacerlo, mientras le das nuevos recursos a tu mente para seguir lo que tú le indicas.

DARLE CONTINUIDAD

Ahora te toca a ti dar continuidad a lo que has visto en el programa, te toca no dejar que los problemas de la vida cotidiana te venzan. Eres más que todo eso. Toma la decisión de trascender al dolor de la vida y podrás levantar el vuelo; seguir con los planes que te propongas.

Cuando empieces a dudar de todo lo que haces, cárgate de energía con el amor de tus seres queridos, con las alegrías y sonrisas de los niños, con una tarde de película, descansando, durmiendo, alimentándote mejor, ejercitándote, tomando helado con tu familia, sentado solo, llenándote de amor de la vida que te rodea. Llena el vasito de tu interior y renuévate.

Nota final:

Es verdad que la misión y el propósito de vida se viven sin buscar como fin último de la vida las cosas materiales de este mundo. El fin último es la misión de VIVIR felices llevando a la práctica el propósito elegido para dar sentido a nuestra vida.

No se busca la abundancia fuera porque ya está en nosotros. La hemos ido perdiendo por las dudas, por lo que hoy no tenemos en salud, amor, alegría, economía, por tomar decisiones que, muchas veces, van enfocadas a TENER y no en SER.

Quién nos creó y envió a este mundo, nos envió equipados para cumplir los sueños que puso en nuestra mente y alma, pero confundidos por el temor, dejamos de creer en nosotros mismos y nos alejamos de la verdadera naturaleza para empezar a escuchar los miedos infundados del mundo. Recuerda que "todos vamos a morir" así que si sabemos que vamos a morir. La concentración y el enfoque deben estar puestos en cómo vivir una mejor vida. Ahora entremos en materia.

Actividad 1. Escribe tu proyecto.

Continúa tomando las notas en tu libreta de trabajo y empieza a escribir ese proyecto.

"Nunca sabes lo fuerte que eres, / hasta que ser fuerte es la única opción que te queda." Bob Marley

Ten a la mano las actividades que has realizado para escribir tu proyecto de vida.

Tareas que necesitas: áreas de la vida, propósito, decisión, la fortaleza de tu niño interior, el conocimiento de los niveles de pensamiento, de tu mente, cuerpo y espíritu, la regla ecológica. Utiliza todo lo que aprendiste estos días para que, con honestidad, escribas tu proyecto de vida.

Proyecto de vida			
¿Qué quiero lograr?	¿Para qué?	Fortalezas internas	¿Cómo lograrlo sin procrastinar?

ESTE PROYECTO ES PARA CUMPLIR TU MISIÓN DE VIDA, DESARROLLAR TU PROPÓSITO Y SERVIR A LOS DEMÁS.

¡Hasta mañana!

Capítulo 31. Eres único, sé autentico

DÍA 27

"Yo soy lo que soy: un individuo, único y diferente" Charles Chaplin

Los seres humanos somos únicos e irrepetibles en cuerpo, mente y espíritu; no existen dos seres iguales, por lo tanto, la identidad es única.

La identidad de una persona se forma con las creencias adquiridas a lo largo de la vida. El lugar donde creció, las ideas familiares, la religión que profesa, las costumbres de la sociedad en la que habita, el tipo de educación adquirida, los valores, la personalidad con que ya se nace y los sucesos llenos de amor o de frustración a lo largo de su vida. También son factores determinantes de la identidad.

La identidad no la da la clase social, la belleza física, el rol que se desempaña en la vida y mucho menos los títulos académicos. No lograr satisfacer estereotipos de la sociedad no debe hacer daño a la autoestima de una persona. Existe una confusión con la percepción de la identidad en este punto, la identidad no es lo que los demás piensan que debo ser.

La identidad responde a: ¿quién soy?

La respuesta no es absoluta, lo que soy hoy, no lo soy para siempre. La identidad es cambiante, depende del lugar, del momento de la vida, de las personas con las que se convive y muchos otros factores. Ello permite que el hombre muestre algunos rasgos de su personalidad, de su forma de ser; el ser humano no es un producto hecho y terminado, sino que cambia constantemente.

"Por sus obras los conoceréis" Mt 7, 20

Llamados a vivir

Todos hemos sido llamados a vivir desde el nacimiento, el llamado se hace día a día en las pequeñas cosas que se presentan en nuestra cotidianidad. Este llamado requiere de una respuesta, espera ser atendido, no cesará hasta que reconozcas su voz o hasta que tu vida llegue a su fin. Esa voz te perseguirá mostrándose como un malestar contigo mismo por no escuchar. La buena noticia de aprender a escuchar esa voz es que tendrás una vida con sentido.

SOMOS ÚNICOS E IRREPETIBLES, EL LLAMDAO ES ÚNICO, SOLO TÚ PUEDES RESPONDER, ERES LIBRE DE RESPONDER O SEGUIR FINGIENDO QUE NO ESCUCHAS.

Actividad 1. Ten una conversación sincera contigo.

Toma un espejo de mano y una hoja de papel, tu computadora o celular en donde puedas escribir y tenlo junto a ti.

Siéntate en un lugar cómodo y sólo para ti.

Acerca el espejo al frente de ti.

Mira tu rostro, obsérvate, mírate a los ojos y reconoce lo que no te gusta de ti. Piensa, ¿por qué no habría de gustarte algo de ti? ¿Es porque no cumple con lo que el mundo dicta?, ¿no es el estereotipo de la "belleza"? O, ¿no ves a una persona exitosa según los ojos de la sociedad? Admira lo que tienes, no necesitas ser más que otros, pero tampoco eres menos que otros.

Reconoce lo que te gusta de ti.

Reconoce tus talentos, mira quién que eres desde tu interior a través de tu reflejo en el espejo.

Mientras te ves en el espejo piensa en todos los logros de tu vida (en esas cosas que haces bien). Recuerda todas las batallas que ganaste a la vida, los retos superados, tienes toda una historia, piensa en ella y anota eso a tu favor.

Observa bien tu rostro, tienes bellos ojos que pueden ver, tienes bellas facciones que te permiten sentir el viento en tu rostro.

Obsérvate sin juzgarte, acepta la maravilla que eres.

Agradece y perdona

Dale las gracias al del espejo por todos estos años que estuvo contigo en las buenas y en las malas.

Pídele perdón al del espejo, por olvidarte de él, por exigirle tanto, por buscar la perfección por dejar para después las cosas y crea nuevos compromisos.

Compromiso de continuar

Haz un compromiso contigo mismo. Escribe "Prometo Serme Fiel..." y desglosa las promesas que te haces. ¿Cómo sería tu promesa personal? ¿A qué te comprometes contigo? Te muestro un ejemplo de compromiso de vida.

Prometo Serme Fiel...

- Prometo y me comprometo a que el acto de Serme Fiel no se desequilibre con un acto narcisista de amarme solamente a mí y decir no a todo el que me necesite.

- Escuchando mi voz interna.

- Escuchando mis necesidades personales, dándoles el tiempo y atención necesaria.

- Al poner limites a otros cuando sus exigencias dañen mi amor personal.

- Cuando mi auto exigencia no entienda que debo tomar descansos y seguir adelante después, con más energía y concentración.

- Al escuchar el llamado que la vida me hace a mí como persona única e irrepetible.

- Cuando logre todas las cosas que me proponga y cuando no las logre.

- Cuando logre manejar mis emociones y cuando no lo logre.

- Cuando mi alma se enferme y cuando esté sana.

- Cuidando de mi cuerpo, mi alma y mi espíritu.

- Prometo ponerme límites para no dañar a otros y no dañarme a mí mismo.

Prometo serme fiel todos los días de mi vida, amarme, respetarme, aceptarme y convertirme en la mejor versión de mí mismo trabajando con amor y con paciencia, prometo dejar de perseguirme y exigirme ser mejor cada vez con una insistencia enfermiza, asfixiante, llena de reproches, de insultos y de sabotajes.

Extras para Ti

Una guía simbólica y práctica para
acompañar tu camino

Estas páginas son tu espacio para
conectar contigo de forma íntima y
práctica. Aquí encontrarás una promesa
simbólica, un regalo descargable y un
mensaje final desde el corazón.

Querida lectora, querido lector:

Gracias por llegar hasta aquí. Este no es un final… es un inicio.

 Ahora tienes la oportunidad de hacer una promesa frente al espejo, con una vela encendida, y si lo deseas, acompañado/a de alguien que te ame y comprenda.

✳ Haz tu promesa personal y simbólica:
"Prometo Serme Fiel…"
 (Se invita a leer en voz alta la promesa completa incluida anteriormente.)
Puedes escuchar una grabación especial con esta promesa guiada por mí.

Te guio en la siguiente hoja

🎁 **Tu Bono Exclusivo**

Gracias por ser parte de Prometo Serme Fiel.
Tu compromiso es solo el comienzo, y este bono es un regalo para acompañarte en tu viaje de crecimiento.
Accede a tu bono ahora mismo copiando este enlace en tu navegador:.)

🔗 **Escucha tu Promesa:**
https://creators.spotify.com/pod/profile/prometo-serme-fiel/episodes/La-Promesa-libro-e31o8bb

🔗 **Descarga tu promesa en pdf e imprimela:**
https://creators.spotify.com/pod/profile/prometo-serme-fiel/episodes/La-Promesa-libro-e31o8bb
(Escríbelo tal cual en tu navegador si no puedes hacer clic.)

Este material está especialmente diseñado para profundizar en tu proceso de transformación y enriquecer tu relación, dándote herramientas prácticas para llevar tu vida y tu pareja al siguiente nivel.

Prometo Serme Fiel...

Prometo y me comprometo a que el acto de Serme Fiel no se desequilibre con un acto narcisista de amarme solamente a mí y decir no a todo el que me necesite.

Escucharé mi voz interna.

Escucharé mis necesidades personales, dándoles el tiempo y atención necesaria.

Pondré límites a otros cuando sus exigencias dañen mi amor personal.

Y también a mi autoexigencia, cuando no entienda que debo descansar para volver con más energía y concentración.

Responderé al llamado que la vida me hace como persona única e irrepetible.

Me prometo estar cuando logre lo que me proponga...

y también cuando no lo logre.

Cuando maneje mis emociones...

y también cuando no pueda con ellas.

Cuando mi alma esté sana...

y también cuando se enferme.

Cuidaré de mi cuerpo, de mi alma y de mi espíritu.

Prometo ponerme límites para no dañar a otros y no dañarme a mí misma, a mí mismo.

Prometo Serme Fiel todos los días de mi vida.

Amarme, respetarme, aceptarme,

y convertirme en la mejor versión de mí misma, de mí mismo.

Trabajaré con amor y con paciencia.

Prometo dejar de perseguirme, de exigirme ser mejor cada vez con una insistencia enfermiza, asfixiante, llena de reproches, de insultos y de sabotajes.

"Firma con amor este compromiso contigo"

⅄ Recuerda...

Este no es el final.

Es apenas el comienzo de una nueva manera de mirarte, de escucharte, de serte fiel.

 Has abierto una puerta hacia una relación más auténtica contigo...

 y eso transformará, inevitablemente, la forma en la que te vinculas con los demás.

Regresa a estas páginas cada vez que lo necesites.

 Este libro no tiene prisa. Te espera.

❧ Un recordatorio amoroso...

 Serte fiel no significa encerrarte en ti, ni volverte indiferente a los demás.

 La fidelidad a ti misma no nace del ego, sino del amor.

 No es narcisismo, no es egoísmo, no es poner al "yo" por encima de todo.

 Es reconocerte como parte esencial de un "nosotros" más consciente, más libre.

 Es poder decir: "Serme fiel me permite serte fiel... con verdad, con respeto, con alma."

Gracias por haberte elegido.

Gracias por permitirte este encuentro contigo.

Con amor profundo y esperanza viva,

Norma López Becerra

Autora del libro y creadora del movimiento Prometo Serme Fiel